Die
Lola-Montez-Story

Heinz Gebhardt

Die Lola-Montez-Story

Wie Bayerns König Ludwig I. von einer Tänzerin aus Irland gestürzt wurde

stiebner

Umschlaggestaltung:
Stiebner Verlag unter Verwendung einer Collage
mit Gemälden von Joseph Stieler:
König Ludwig I. (1842) und Lola Montez (1847)

DTP-Produktion und Layout:
Verlagsservice Peter Schneider / Satzwerk Huber, Germering

Bibliografische Information der Deutschen Nationalbibliothek
Die Deutsche Nationalbibliothek verzeichnet diese Publikation
in der Deutschen Nationalbibliografie; detaillierte bibliografische
Daten sind im Internet über http://dnb.dnb.de abrufbar.

www.stiebner.com

Printed in Germany

ISBN 978-3-8307-1062-2

Inhaltsverzeichnis

Einleitung

150 Jahre Staatsgeheimnis in Bayern: König Ludwig I. und Lola Montez

Keine Frau hat die Bayerische Geschichte so durcheinandergewirbelt, auf den Kopf und in Frage gestellt wie Lola Montez, und keine Frau wurde von den Münchnerinnen und Münchnern so gehasst und verteufelt wie Lola Montez. »Im Mittelalter wäre sie als Hexe verbrannt worden, denn die Gewalt dieses Weibes über den klaren und verständigen Geist Seiner Majestät grenzt wirklich aufs Zauberhafte«, schrieb General Karl Wilhelm von Heideck, der über Lolas Finanzen wachen sollte und frustriert nach kurzer Zeit kapitulierte.

Einzige Quellen über ihr 495 Tage dauerndes skandalöses Leben in München von 1846 bis 1848, das die Abdankung und den Thronverzicht von König Ludwig I. zur Folge hatte, sind Zeitungsberichte, Karikaturen und Erwähnungen in Biografien ihrer Zeitgenossen. Dokumente aus bayerischen Ministerien oder aus Archiven des Königshauses lagen jedoch 150 Jahre lang mit höchster Geheimhaltungsstufe bis in die 1990er Jahre unter Verschluss. Ludwig I. hatte nach seinem Tod am 29. Februar 1868 sieben versiegelte Kästchen aus Kirschholz hinterlassen mit dem Vermächtnis, sie erst 50 Jahre nach seinem Tod einzusehen. Als man am 1. März 1918 die Kästchen öffnete, um eine Liste des Inhalts anzulegen, wurden sie sofort wieder verschlossen und »die unbedingte Geheimhaltung« des Inhalts wurde angeordnet. Erst nach weiteren 75 Jahren durften den Inhalt die Historiker Reinhold Rau und Bruce Seymour auswerten und veröffentlichen: 225 Briefe von König Ludwig I. an Lola Montez

Der Architekt Leo von Klenze war ein enger Vertrauter König Ludwigs I.

und 175 Briefe von Lola an ihren Luis. Und wenige Jahre später durfte die nächste Schatztruhe geöffnet werden: Die Aufzeichnungen vom engen Vertrauten König Ludwigs I., seinem Architekten Leo von Klenze, der die Lola-Montez-Affäre aus nächster Nähe erlebte und in seinen »Memorabilien« kein Blatt vor den Mund nahm. Auch er wusste von der Brisanz seiner Aufzeichnungen und hatte testamentarisch verfügt, dass seine Schriften erst veröffentlicht werden dürfen, wenn der letzte Nachkomme aus der dritten Klenze-Generation ausgestorben ist. Das war um die Jahrtausendwende. Und jetzt erst liegen die dramatischen Ereignisse um Lola Montez und König Ludwig I. wie ein offenes Buch vor uns.

Sex, Macht und Geld

Der Zaubertrank des Lebens fast aller Schönen, Reichen und Mächtigen sind Sex, Macht und Geld. Lolas erotische Ausstrahlung hatte König Ludwig I. seit ihrer ersten Begegnung, als sie sich das Mieder aufriss (»alles echt, Majestät!«), so heftig erregt, dass er sich selbst wie ein Vulkan empfand: »Ich kann mich mit dem Vesuv vergleichen, der für erloschen galt, bis er plötzlich ausbrach«, sagte er zu Freiherrn von der Tann und Leo von Klenze versicherte er: »hundert mal, jetzt erst wisse er, was Liebe sei.« Und um von Ludwig zu bekommen, was sie brauchte, wusste sie »was die Geschlechtsliebe angeht, ihn in stetiger Erregung zu halten«. »Wenn es Dir wirklich ernst mit mir ist, kannst Du es beweisen, indem Du mir das Geld zu meinem sofortigen Gebrauch gibst. Ich kann keinen anderen Lebensstil führen als den ich gewohnt bin. Ich bin an allen Luxus des Lebens gewöhnt«, schrieb Lola Montez an König Ludwig I. Und der König zahlte und zahlte und zahlte, um seiner Lola zu zeigen, dass es ihm »wirklich ernst« mit ihr ist. Nur mit Geld, mit viel Geld konnte der 60-jährige König seine 35 Jahre jüngere Geliebte an sich binden. Seit ihrer Ankunft am 5. Oktober 1846 bis zum 15. November 1848 zahlte ihr Ludwig nach seinen eigenen Etat-Aufzeichnungen 158.084 Gulden und 16 ¼ Kreuzer. Vergleicht man den Betrag mit den Ministergehältern von damals und heute (s. Seite 154f) so wären das heute 5.216.772 Euro. Auch wenn der Betrag zum Etat des Königs gehörte, war das Geld aus den Steuereinnahmen der Bürger. Leo von Klenze schäumte vor

König Ludwig I. im Krönungsornat, Gemälde von Joseph Stieler, 1826

Wut über seinen König, »welcher jahrelangen Bitten seiner Minister verweigert, einer armen Klasse von Volksdienern eine Beihilfe gegen den Hunger zu reichen, und diese nun den geilen Zärtlichkeiten einer bittenden Hure zugesteht!« Lola Montez nannte er fast nie beim Namen, sondern er hatte eine ganze Litanei mit Schimpfworten für sie: Sie war für ihn eine »Fleisch gewordene Lüge«, eine »Bordellpriesterin«, eine »verbuhlte Seiltänzerin«, eine »Furie« und eine »öffentliche Dirne«, eine »Gossenhure«, »Allerweltshure«, eine »tollgewordene Hündin«, eine »durch halb Europa gepeitschte Bordellhure« oder ganz einfach ein »Saumensch«!

Lola: »Ich hatte Geld, so viel ich wollte«

Der »erotische Sonderling«, wie Leo von Klenze seine Majestät nannte, verstand die Welt nicht mehr. Zu Freiherrn von der Tann sagte er: »Es sei ihm unbegreiflich, wie man ihm aus seinem Liebesverhältnis zu Lola solch ein Verbrechen machen könne, da es doch das fünfzigste sei, und da man deren 49 geduldet habe, ohne Etwas dagegen zu sagen.« Die Biografien der Vorgängerinnen lesen sich aber auch anders als die der Lola Montez, die »nicht einmal einen Taufschein beibringen konnte«, wie sich Klenze aufregte. Den bayerischen Behörden war bekannt, dass sie unter mehreren Identitäten reiste und nicht einmal der Name Lola Montez stimmen konnte, weder Pass noch Ausweis besaß, in fast jeder von ihr besuchten Stadt Schwierigkeiten mit der Polizei hatte und in Berlin sogar ein Haftbefehl auf sie ausgestellt war. Man stelle sich vor, ein bayerischer Ministerpräsident, verheiratet, Vater und Großvater von acht Kindern und fünf Enkeln, Katholik wie König Ludwig I., würde heute ein 35 Jahre jüngeres Playgirl als seine neue Freundin präsentieren mit ähnlicher Vorgeschichte, ohne Ausweis, ohne nachvollziehbare Identität, würde ihr per Befehl die Staatsbürgerschaft erteilen und wie Ludwig I. die Machtfrage stellen: Die widerspenstigen Minister werden entlassen, durch gefügige »Lola-Minister« ersetzt und sein G'spusi hat per Königs-Dekret das Bürgerrecht. Die Erhebung in den Adelsstand, um Lola gesellschaftsfähig zu machen, verlief nach dem gleichen Muster: Minister Maurer und sein Sohn wurden für seine Unterschrift reichlich belohnt und Lola hieß ab sofort Gräfin von Landsfeld. »Ich war nicht mehr Tänzerin, ich

Lola Montez, vom Hofmaler Joseph Stieler für die Schönheitengalerie gemalt

war Gräfin«, schrieb Lola in ihren Memoiren. »Ich hatte ein Palais, eine Equipage, Bedienstete, Silberzeug und Geld, so viel ich wollte.« Lola war am Ziel.

»Der König lebt in einem vollkommenen Traum«

Doch mit der Erhebung in den Adelsstand erreichte der König bei bürgerlichen wie adligen Schichten das Gegenteil von dem, was er sich erhoffte: Lola wurde noch stärker von der Gesellschaft gemieden, isoliert und abgelehnt. Ihre Eskapaden, ihre rotzfrechen Auftritte, Schlägereien und Intrigen, die alle von ihrem Lover geduldet und gedeckt wurden, ließ man noch wütend über sich ergehen, als aber als Bestrafung für Lola-kritische Demonstrationen tausende Studenten das Studium beenden mussten und für ein Jahr die Universität geschlossen wurde, war das Fass übergelaufen. Dazu kamen die Forderungen der Bürger nach Abschaffung der Zensur, Einrichtung von Geschworenengerichten, Vereidigung des Heeres auf die Verfassung, Änderung der Landtagswahlordnung und Reform des Polizeigesetzes. Als in dieser aufgeheizten Stimmung am 11. Februar 1848 Lolas Palais in der Barer Straße von tausenden Studenten und Bürgern gestürmt wurde, musste Lola aus München fliehen: König Ludwigs Autorität und Ansehen in der Bevölkerung war auf dem tiefsten Stand seiner Regentschaft, wie der preußische Gesandte Albrecht Graf von Bernstorff (1809–1873) nach Berlin berichtete: »Der König ist vollständig aller Achtung, aller Autorität, alles Vertrauens bei seinem Volke entblößt. Er wird allgemein für ganz oder halb wahnsinnig angesehen und es bedürfte nur des geringsten Anstoßes,

Der preußische Gesandte Albrecht Graf von Bernstorff

um ihn zu entthronen. Der König ist jeder vernünftigen und ernsten Betrachtung unzugänglich und lebt in einem vollkommenen Traum, denkt und schreibt fortwährend an seine verjagte Geliebte und beschäftigt sich mit Gedanken der Wiedervereinigung.«

»Während sie mir Liebe heuchelte, wollte sie nur Geld von mir!«

Um den Unruhen Herr zu werden forderten hohe Militärs den Einsatz der Waffen, um die Revolutionäre wie in andern Ländern blutig zu bekämpfen. Um dem befürchteten Militärschlag des Fürsten Wrede zuvorzukommen, stürmten aber die Münchner das Zeughaus. In letzter Sekunde trat ihnen auf dem Promenadeplatz Ludwigs jüngerer Bruder Prinz Karl entgegen und meldete, dass König Ludwig I. bereit sei, die Ständeversammlung einzuberufen und die »Märzforderungen« zu erfüllen. Was niemand wußte, war der wahre Grund für den Sinneswandel des Königs; wenn er nämlich auf die Krone verzichtet und abdankt, könnte ihm als pensionierten König niemand mehr verbieten, wieder mit Lola ins Bett zu gehen, was auch sein Vertrauter Klenze wusste: »Wie schon gesagt, entsagte er diesem Throne einzig und allein in der Hoffnung, zukünftig unangefochten in Lolas Liebe schwelgen und leben zu können.« So legte König Ludwig I. am 19. März 1848 die Krone nieder und verzichtete zugunsten seines Sohnes Maximilian auf den Thron. An Lola schrieb er: »Ich habe auf die Krone verzichten können, aber nicht auf meine geliebte Lolitta. Ohne meine Abdankung weiß ich nicht, wann ich mit Dir, meine geliebte Lolitta, hätte sein können. Mein Plan ist, Mitte April zu Dir nach Vevey zu kommen um dort in Deine Arme zu fallen und einige Zeit mit Dir zu leben.«

Lola sei Dank!

Man kann die Geschichte drehen und wenden wie man will: Dass die Revolution von 1848 von allen anderen Ländern einzig in Bayern unblutig und friedlich über die Bühne ging, ist das Verdienst von Lola Montez! Ohne Lola wäre König Ludwig I. in seinen absolutistischen Vorstellungen seiner Königswürde nie auf die Idee gekommen abzudanken und hätte, wie seine Militärs es forderten, die revolutionären Umtriebe mit Waffengewalt blutig niederge-

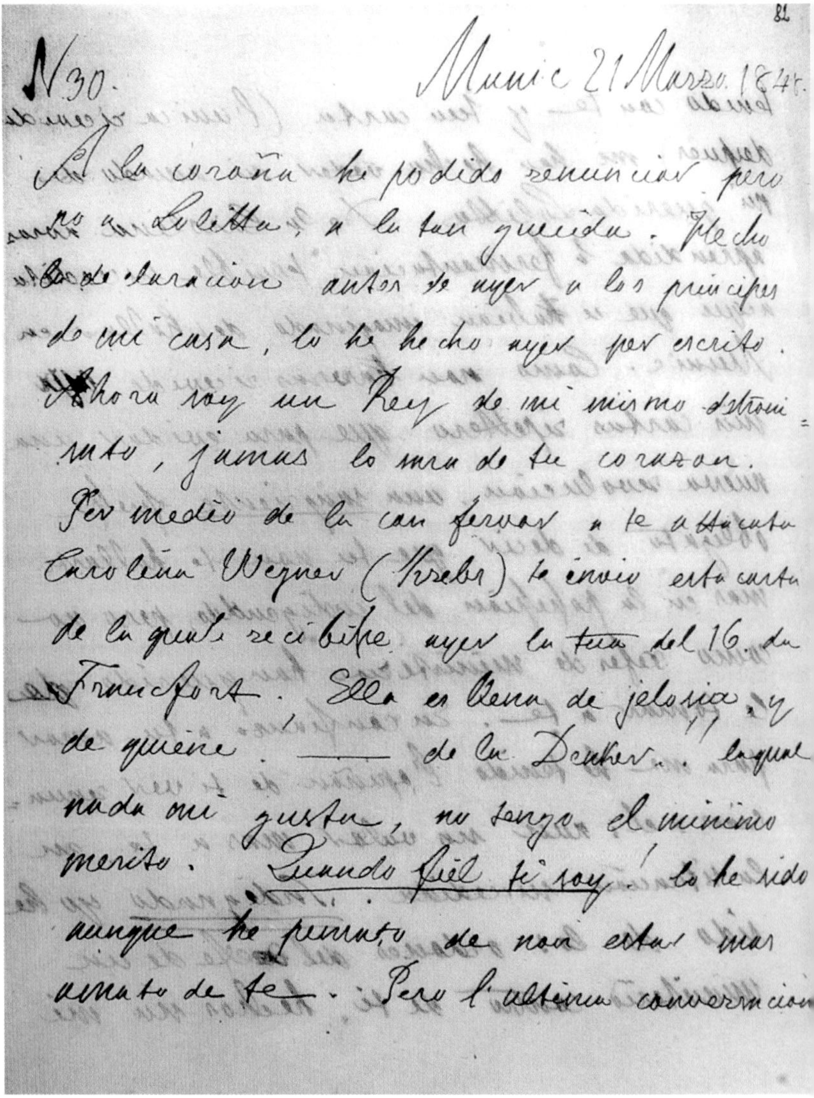

N 30. Munic 21 Marzo 1848.

A la corona he podido renunciar pero no a Lolitta, a la tan querida. Hecho declaracion antes de ayer a los principes de mi casa, lo he hecho ayer por escrito. Ahora soy un Rey de mi mismo destroni=mento, jamas lo mas de tu corazon. Por medio de la con fervor a te attacata Carolina Wegner (Weber) te envio esta carta de la quale recibire ayer la tua del 16. de Francfort. Ella es llena de jelosia, y de queixe. — de la Denker. la qual nada mi gusta, no tengo el minimo merito. Quando fiel te soy! lo he sido aunque he pensato de non estar mas amato de te. Pero l'ultima conversacion

Brief von König Ludwig I. an Lola Montez vom 21. März 1848 mit der Nachricht seiner Abdankung (Bayerische Staatsbibliothek)

Historische Darstellung der blutig verlaufenden Märzrevolution in Berlin 1848

schlagen. Ludwig lebte aber in der Illusion, als abgedankter König ungehindert wieder in die Arme und ins Bett seiner Lola zurückkehren zu können: »Ohne meine Abdankung weiß ich nicht, wann ich mit Dir, meine geliebte Lolitta, hätte sein können.« Dass Ludwig und Lola sich trotzdem nie wieder im Leben begegneten, ist ein anderer Teil der Geschichte von Sex, Macht und Geld: Erst nachdem Lola sich 1849 einen neuen Millionär geangelt hatte und mit dem 21-jährigen George Trafford Heald in Paris in Saus und Braus ihr gewohntes Luxusleben führte, war für Ludwig jede Hoffnung auf eine »Wiedervereinigung« endgültig zerstört: Er stellte 1850 seine regelmäßigen Zahlungen an Lola ein und schrieb ihr nie wieder einen Brief. Leo von Klenze: »Mit Händeringen sagte er jüngst dem Maler Stieler: Welch ein Unglück, dass gerade ich an solch ein Weibsbild geraten musste! Während sie mir Liebe heuchelte, wollte sie nur Geld von mir; sie hat mich um zwei kostbare Dinge gebracht: um eine poetische Illusion und um meinen Thron!«

Wer war Lola Montez?

Die »spanische Tänzerin« wurde in Irland geboren

»Ich zähle jetzt 27 Jahre. Mein Vaterland ist Spanien. Ich bin im Jahre 1823 zu Sevilla, der Hauptstadt Andalusiens, geboren, welches das Land der Serenaden und der Balkone ist, der Troubadours und der Romanzen«, schrieb Lola Montez in ihren Memoiren über sich selbst, aber nichts davon ist wahr: Denn im Leben der Lola Montez vermischen sich Wahrheit und Märchen, Täuschung und Wirklichkeit oft bis zur Unkenntlichkeit. Vielleicht musste das so sein, denn ihr nur 39 Jahre dauerndes Leben verlief so hektisch, so atemberaubend schnell wie kaum ein anderes in ihrer Zeit in der Mitte des 19. Jahrhunderts: »Vom ersten Tag meiner Geburt bis auf heute führe ich ein unstetes Leben, voller Romane, Dramen und Wechselfälle. Die Vorsehung scheint mich zu einem rastlosen Umherirren verdammt zu haben. Ich habe mir stets eingebildet, dass im Moment meiner Geburt irgend eine Fee Rollen an meine Wiege befestigt hat, um mich so ununterbrochen von einem Ende der Welt bis zum anderen zu bringen.«

Lola Montez hat sich in allen Biografien immer ein paar Jahre jünger gemacht, denn nach den später aufgefundenen amtlichen Unterlagen ist sie am 17. Februar 1821 in Grange im Nordwesten von Irland geboren. Ihr Vater war der Offizier Edward Gilbert, ihre Mutter hieß Eliza Oliver. Im Alter von zwei Jahren ließen die Eltern ihre Tochter am 16. Februar 1823 in St. Peter's in Liverpool auf den Namen Eliza Rosanna Gilbert taufen. 1824 wurde Eliza Gilbert als dreijähriges Kind von ihren Eltern auf eine Seereise nach Indien mitgenommen, wo sich der Vater als Soldat der britischen Armee ein gesichertes Leben erhoffte. Wenige Wochen nach seiner Ankunft in Dinapore starb er an Cholera. Dinapore war im 19. Jahrhundert eine britische Garnisonsstadt und heißt heute Danapur und liegt im indischen Bundesstaat Bihar rund 10 Kilometer nordwestlich von Patna und 500 Kilometer nordwestlich von Kalkutta. 1826 wurde sie wieder nach England zurückgeschickt und später in einem Internat in Bath 20 Kilometer von Bristol entfernt untergebracht.

16-jährige Lola heiratete den Lover ihrer Mutter

Nachdem ihre Mutter ebenfalls aus Indien nach England zurückgekehrt war, hatte sie für ihre 16-jährige Tochter den schwerreichen 60-jährigen indischen Geschäftsmann Sir Lumely als idealen Ehemann auserkoren. Der Altersunterschied war ihr egal, Hauptsache die Familie wäre finanziell abgesichert gewesen. Doch sie hatte die Rechnung ohne die Willensstärke ihrer Tochter gemacht, denn die 16-jährige Eliza fand mehr Gefallen an dem 29-jährigen Begleiter und Lover ihrer Mutter, Captain Thomas James. Bei Nacht und Nebel verschwanden beide von einem Tag auf den anderen und flohen nach Irland. Am 23. Juli 1837 heirateten beide im irischen Rathbeggen in der Nähe von Dublin und aus Eliza Gilbert wurde Eliza James. Doch schon im Jahr darauf, 1838, begann für Eliza eine neue Odyssee: Captain James wurde im Krieg gegen Afghanistan nach Simla in den Himalaja versetzt und Lola blieb nichts anderes übrig als mitzufahren, erkrankte aber an Malaria und verließ nach einem Jahr ihren inzwischen sehr groben und aggressiven Gatten. Auf mehreren Segelschiffen ging die Reise ins Ungewisse wieder zurück nach England und am 20. Februar 1841 konnte sie in Southampton wieder englischen Boden betreten.

Wie aus Eliza James Lola Montez wurde

In den 40er Jahren des 19. Jahrhunderts begann in Europa eine Spanien-Euphorie, alles Spanische von der Mode bis zur spanischen Musik: Spanien war »in« und man begeisterte sich vor allem für die spanischen Tänze. Insbesondere der Cachucha wurde populär und seine bekanntesten Tänzerinnen waren Fanny Elßler und Pepita de Oliva, die später auch in München auftrat. Eliza James sah in dieser Spanienwelle eine Chance und eine Geschäftsidee, übte sich in spanischen Tänzen und fuhr gleich nach ihrer Scheidung von ihrem Captain 1842 nach Spanien, um sich an Ort und Stelle auszubilden. Jetzt wurde »Lola Montez« geboren, Eliza James kleidete sich spanisch, sprach spanisch, tanzte spanisch, ihre schwarzen Haare waren sowieso schon spanisch und jetzt fehlte nur noch ein spanisch klingender Name: Nach ihrer Rückkehr und Ankunft in Southampton am 14. April 1843 gab sie sich erstmals als »Maria de los Dolores Porry y Montez« aus – kurz: »Lola Mon-

Pepita de Oliva trat mit ihren »spanischen Tänzen« auch in München auf, fotografiert von Franz Hanfstaengl

tez«, als Tochter einer spanischen Adelsfamilie und als Witwe eines hingerichteten Rebellen. »Lola« ist die Kurzform des spanischen Namens »Dolores«, auf deutsch »Leiden« und aus dem spanischen Namen der Jungfrau Maria entnommen, der »Nuestra Señora de los Dolores«. Aus Eliza war eine perfekte Spanierin geworden: Lola Montez. Ein Verehrer auf der Fahrt nach London war der Earl of Malmesbury, der sie Benjamin Lumley vorstellte, dem Impresario von »Her Majesty's Theatre«. Auch er fand Gefallen an der schönen Spanierin und ließ sie am 3. Juni 1843 zum ersten Mal unter ihrem neuen Namen »Lola Montez« zwischen den Akten einer Aufführung der Oper »Der Barbier von Sevilla« als spanische Tänzerin auftreten. Lumley fand ihre Tanzkünste zwar nicht berauschend, ihr Aussehen und ihre Ausstrahlung allerdings so attraktiv, dass er sich gute Besucherzahlen von ihrem Gastspiel versprach und die spanische Tänzerin Lola Montez war geboren.

Zweifel an Lolas spanischer Herkunft

Doch nach ihren ersten spektakulären Erfolgen als »Donna Lola Montez« vom »Theatro Real« in Sevilla im Londoner »Her Majesty's Theatre« kamen bei einigen Bewunderern Zweifel über ihre wahre Identität auf, vermutlich geschürt durch einen abgewiesenen Verehrer, und Lola blieb nichts anderes übrig, als auch in den Interviews als angehender Bühnenstar ihre neue Biografie zu präzisieren: In einem Interview mit der »Morning Post« am 12. Juni 1843 behauptete sie, dass sie aus Sevilla stammt und mit zehn Jahren, 1833, von einer katholischen Lady in Bath erzogen wurde und dann zu ihren Eltern nach Spanien zurückgeschickt worden war. Seitdem war sie nie in England und ist jetzt zum ersten Male wieder hier. Sie machte sich hier schon um zwei Jahre jünger und verjüngte sich im Verlauf ihres Lebens noch öfter. Die spanische Tänzerin Lola Montez wurde ein Begriff und »Illustrated London News« schrieb: »Ihre Taille ist noch graziler als ihr Gesicht. Jede Bewegung ist von einem Instinkt für Rhythmus und Bewegung begleitet. Ihre dunklen Augen leuchten, wenn sie spürt, dass man sie bewundert.«

Aus der in Irland geborenen Eliza Rosanna Gilbert wurde Maria de los Dolores Porry y Montez, genannt »Lola Montez«.

Lola tanzte wie ein Känguru

Lolas Tanzkünste waren eher rustikal, nicht mit denen einer ausgebildeten Ballett-Primaballerina zu vergleichen. So amüsierte man sich später in München über ihre »Kängurusprünge« und Leo von Klenze wusste auch »dass man in Paris allgemein von ihr sagte, ›Lola fi...t gut, aber sie tanzt schlecht!‹« Doch bei ihren Gastspielen lagen ihr die Verehrer ihrer Taille, ihres Busens und ihrer blauen Augen reihenweise zu Füßen wie 1843 der schwerreiche Lebemann Prinz Heinrich LXXII. (1797–1853) aus dem Fürstentum Reuß-Lobenstein im Thüringischen Wald. In seinem Ministaat war die neue jugendliche Flamme des Frauenhelden nicht zu übersehen, sie rauchte wie ein Schlot die modernen Papierzigaretten und säbelte mit ihrer Reitpeitsche aus Frust oder Langeweile im Schlossgarten so mancher prachtvollen Rose die Blüten ab. In diesem Garten endete auch die kurze Romanze: Prinz Heinrich LXXII. wollte seine Lola mit einer Überraschung beglücken, indem er einen Kinderchor in den Büschen und Baumkronen versteckte, die beim gemeinsamen Lustwandeln Reuß'sche Volkslieder singen sollten, was auch geschah. Mittendrin fiel aber ein Knabe vom Baum, was Lola so erschreckte, dass sie ihren Hund auf den armen Kerl hetzte und auch noch den Fürsten mit ihrer Reitpeitsche bearbeitete. Noch am gleichen Tag trennte sich der Fürst von seiner 22-jährigen Eroberung, indem er sie seines kleinen Landes verwies und Lola landete nach einem kurzen Dresden-Aufenthalt in Berlin.

Tumulte bei Lola-Auftritten in Warschau

Am 26. August 1843 brachten Lolas Spanische Tänze »Los Boleros de Cadix« im Königlichen Schauspielhaus in Berlin ausverkaufte Vorstellungen und am 7. September applaudieren ihr in einer Sondervorstellung sogar König Friedrich Wilhelm IV. von Preußen und Zar Nikolaus I. von Russland, der gerade auf Staatsbesuch war. Und wieder kommt es zu einem Eklat: Während einer Truppenparade zu Ehren des russischen Zaren bekam Lola wegen einer Kleinigkeit Ärger mit einem preußischen Gendarmen und schlug ihm kurzerhand ihre Reitpeitsche ins Gesicht. Doch bevor ein Haftbefehl wegen Körperverletzung ausgeführt werden konnte, war sie vorsichtshalber aus Berlin verschwunden und weiter ging ihre

Spanien war in den 1840er Jahren groß in Mode und auch im Werk von Carl Spitzweg befindet sich ein »Spanisches Ständchen«, heute in den Bayerischen Staatsgemäldesammlungen, Schackgalerie.

In Berlin trat Lola Montez in einer Sondervorstellung im kgl. Schauspielhaus vor Zar Nikolaus I. auf.

Lebensreise nach Warschau. Auch hier waren Skandale vorprogrammiert: Die von ihr angeheuerten Claqueure feuerten das Publikum in ihren Aufführungen derart erfolgreich an, dass der als Liebhaber von Lola zurückgewiesene Theaterdirektor eine eigene Schar von Claqueuren anheuerte, um sich an Lola zu rächen und sie in einem wüsten Pfeifkonzert auszubuhen. Das Jubel-und Pfeif-Chaos entzweite auch das Publikum und ihre Aufführungen gingen mit großen Tumulten zu Ende.

One-Night-Stand mit Franz Liszt in Dresden

Im Februar 1844 landete sie in Dresden und lernte am 29. Februar 1844 Richard Wagner kennen, der gerade seinen Rienzi einstudierte, und begegnete dabei dem Starpianisten dieser Zeit, Franz Liszt, der von Frauen genauso umschwärmt wurde wie Lola von Männern. Im »Hotel de Saxe« kamen sich beide näher, wenn auch vermutlich nur für eine Nacht. Bei einem Gala-Dinner zu Ehren von Franz Liszt ging Lola wieder einmal der Gaul durch und sie watscht einen italienischen Tenor ab. Immerhin schien Franz Liszt ihr in Paris als Türöffner behilflich gewesen zu sein, denn wenig später tanzte sie

Bei einem Gastspiel in Dresden lernte Lola Montez auch Franz Liszt kennen.

an der Pariser Oper »Spanische Tänze«, wurde aber von den Kritikern gnadenlos verrissen, und wieder zweifelte man an ihrer spanischen Herkunft. Trotzdem wurde sie mit ihrer Unberechenbarkeit, ihrer Schönheit und ihrer erotischen Ausstrahlung das Stadtgespräch in Paris und auf der Liste ihrer Liebhaber erschienen auch die Schriftsteller Honoré de Balzac und Alexandre Dumas. Und auch ein Toter ist zu beklagen: Ihr Geliebter Alexandre Dujarier wurde vom Konkurrenten Rosemond de Beauvallon im Duell erschossen und fiel blutüberströmt sterbend in ihre Arme. Dafür fiel ihr in Heidelberg kurz darauf ein Jungmillionär in die Arme, Sir Robert Peel (1822–1895), Sohn des britischen Premierministers Sir Robert Peel sen. (1788–1850), der »in kurzer Zeit eine Viertelmillion mit ihr durchbrachte, wie sie sich selbst dessen rühmte«, wie Klenze notierte.

Von Polizei aus Baden-Baden ausgewiesen

Nach Paris tanzte Lola 1845 und 1846 in verschiedenen Kurorten wie Ostende und Bad Homburg, immer begleitet von Skandalen und Skandälchen: In Bonn sprang sie auf einem von Franz Liszt organisierten Beethoven-Fest leicht bekleidet auf einen Tisch inmitten der Honoratioren.

Die »Mannheimer Abendzeitung« berichtete über ihre Eskapaden in Baden-Baden: »Hier in Baden wurde sie nach ihrem zweimaligen Erscheinen polizeilich ausgewiesen. Ihre Bildung mag man danach messen, dass sie einmal während einer Reunion vor 2 Jahren im Sommer einem der sie umkreisenden Herren das eine Bein auf die Schulter schlug, um eine tour des force zu machen, und andermal im großen Saale für neben ihr sitzende Herren ihr eines Bein bis über die Schenkel entblößte. Ich denke das genügte.«

In Heidelberg war Lola Montez kurze Zeit mit dem vermögenden Sir Robert Peel zusammen.

Lola Montez in München

Der tollste Fastnachtsspuk, den München je erlebte

»Wenn ich mich daran erinnere, da ich zum ersten Male durch die Straßen dieser schönen, imposanten Stadt schritt, welche ein poetischer, geistreicher und kunstsinniger König mit so herrlichen Baudenkmälern geziert hat, da ich eine fremde, Unbekannte, eine arme Ballettänzerin zum Theaterintendanten ging, an seiner Türe pochte und kalt empfangen wurde, damit meine Bitte, mir ein Debut zu gestatten, mit einem höflichen, aber kalten Nein geantwortet wurde, und wenn ich mich dann erinnere, wie bald nachher ich der Gegenstand einer allgemeinen, aber bitteren Aufmerksamkeit wurde, dann erscheint mir diese ganze, wunderbare Epoche meines Lebens wie ein toller Fastnachtsspuk.« So beschreibt Lola Montez, alias Maria Dolores Eliza Gilbert, alias Eliza James, alias Maria de los Dolores de Landsfeld, alias Mrs. Heald in ihren Memoiren ihre

Lola Montez mit ihrer obligatorischen Reitpeitsche auf einer Lithographie um 1847

Bei ihrer Ankunft in München am 5. Oktober 1846 stieg Lola Montez gleich im »Ersten Haus« ab, dem Luxushotel Bayerischer Hof.

Ankunft in München am 5. Oktober 1846: Der tollste Fastnachtsspuk, den München je erlebte, hatte begonnen.

Ohne Ausweis und Pass: Lola im Hotel Bayerischer Hof

Für Lola Montez war Münchens erste Adresse gerade gut genug: Wie ein heutiger Popstar, eine Hollywood-Schauspielerin, Opern-Primadonna oder ein prominenter Politiker buchte sie sich am Dienstag, den 5. Oktober 1846 in den Bayerischen Hof am Promenadeplatz ein. Ohne Ausweis, ohne Pass oder andere Legitimation. Ihr Auftreten und Aussehen reichte damals wie heute. Oder mussten die Beatles, Michel Jackson oder Henry Kissinger einen Ausweis vorlegen? »Lola Montes, Künstlerin/Tänzerin, von Sevilla in Spanien, 24 Jahre, katholisch, Zweck des Aufenthalts: Gastvorstellung. Ohne Pass« lautete der Eintrag in das polizeiliche Fremdenregister. Dass sie weder »Lola Montes« hieß, noch aus Sevilla oder überhaupt aus Spanien stammte, interessierte niemand. Auch die 24 Jahre waren geschönt, auch wenn sie es bei ihrem blendenden Aussehen nicht nötig gehabt hätte. Angeblich kam sie aus Wien, andere Quellen sprechen von Stuttgart und Baden-Baden, viel wichtiger war ihre jetzige Adresse: Hotel Bayerischer Hof. Das nagelneue Luxushotel war 1841 eröffnet worden, für dessen Bau sich König Ludwig I. vehement eingesetzt hatte: »Einem Wunsche Seiner Majestät König Ludwigs I. von Bayern stattgebend ließ im Jahr 1840 Reichsrath Josef Ritter von Maffei durch den Architekten Friedrich von Gärtner das erste vornehme Hotel in München, den Bayerischen Hof, bauen«, wie es in der Hotelchronik heißt. Nach der Eröffnung kursierte das Gerücht, dass er den Bau nur förderte, um darin zu baden: Seine Gemächer in der Residenz besaßen nämlich keine Badewannen und so nahm Seine Majestät im Bayerischen Hof einmal in der Woche ein königliches Vollbad. Das Hotel sollte ihm aber noch ganz anders in Erinnerung bleiben.

Vom Hoftheater abgewiesen zur Audienz bei König Ludwig I.

Lola erinnerte sich in ihren Memoiren so an diese ersten Tage: »Ich war nichts als eine Tänzerin, und wollte auch in München nichts anderes sein. Einer meiner ersten Gänge war also zum Theater-Intendanten der Münchner Hofbühne, aber es gelang mir nicht, diesen Herren für meine Bedingungen, die gewiss nicht zu hoch geschraubt waren, zu gewinnen. Nach einer Unterhaltung, die wohl eine gute halbe Stunde gewährt haben möchte, verließ ich ihn ohne Hoffnung, in der bairischen Residenz meinen Zweck zu erreichen.«

Der Intendant des Hoftheaters, August Freiherr von Frays (1790–1863), Major, fand nichts besonderes an Lolas Vortanzen und auch ihre Gagenforderung war ihm zu hoch. Und so wurde er zu Lolas erstem Feind in München. Lolas spätere Rache: Am 1. Januar 1848 setzte ihn König Ludwig I. ab, und nachdem Lola aus München vertrieben war, kehrte er am 3. Juli 1848 in sein altes Amt zurück.

August Freiherr von Frays, Intendant des Hoftheaters, wollte Lola Montez nicht auftreten lassen und wurde von König Ludwig I. abgesetzt.

Lola Montez traf im Hotel Bayerischen Hof auf den ihr aus Paris bekannten reichen Studenten Heinrich von Maltzan. Der spätere Mekka-Reisende erreichte durch seinen bei Hof als Major der Kavallerie und Kammerherr beschäftigten Vater die erste Audienz von Lola Montez bei König Ludwig I.

»Aber ich gehöre nicht zu den Frauen, welche von ihrem Eifer für einen Vorsatz ablassen, sobald sich ihnen ein ernstliches Hindernis in den Weg stellt«, schrieb sie in ihren Memoiren. »Gänzlich unbekannt, vom deutschen Journalismus fast ignoriert, kam mir die unter solchen Umständen gewiss natürliche Idee, mich direkt an den König zu wenden. Ich schrieb also an Sr. Majestät und bat um Audienz, und sie wurde mir zu Teil.« Drei Tage später, am 8. Oktober stand Lola vor König Ludwig I. Dass sie so schnell bei einer Audienz berücksichtigt wurde, ist vermutlich der Vermittlung eines gewissen Heinrich von Maltzan (1826–1874) zu verdanken, einem reichen Studenten, den Lola in Paris kennengelernt hatte und der ebenfalls im Bayerischen Hof wohnte, und dessen einflussreicher Vater kgl. bayerischer Kammerherr und Major der Kavallerie war. Ab jetzt wird es schwer, Legenden von wirklichen Ereignissen zu unterscheiden und manche Geschichten wurden in den verschiedensten Versionen überliefert, alle glaubhaft echt, alles wahr!

Fiel Lola vor König Ludwig I. in Ohnmacht?

Nach einer Aufzeichnung des Kunstsammlers Sulpiz Boisserée (1783–1854) fiel Lola schon bei Beginn der Audienz in Ohnmacht, weil sie vom König in ihrer angeblichen Muttersprache Spanisch angesprochen wurde, was Boisserée vom Leibarzt des Königs Dr. Feder vertraulich erfahren hatte. Über diese Begrüßung auf Spa-

Der 1835 von Leo von Klenze vollendete Königsbau der Residenz …

… in dem sich das Audienzzimmer in der Mitte des 1. Stockwerks befand.

nisch »fiel sie in Ohnmacht, der Herr half der Armen gleich dass sie Luft bekam, und als sie sich erholte, fragte sie: wo bin ich? Ach, ich glaubte, da ich die Töne meiner Muttersprache hörte, in meinem Vaterland zu sein.« In Lolas Memoiren von Ohnmachtsanfall dagegen keine Spur: »Sr. Majestät sprachen mit mir mit der größten Leutseligkeit und fragten mich nach meiner Herkunft und ich nahm keinen Anstand zu versetzen: Sire, ich bin von spanischem Geblüt, und an meiner Wiege wurde es mir nicht vorgesungen, dass ich dereinst als Ballettänzerin fast ganz Europa durchirren sollte, ich würde lügen, wollte ich sagen, durchtanzen. ... Habe ich doch erfahren, dass das Leben einer Tänzerin mehr über Dornen als über Rosen führt.« Und um ihre spanische Herkunft zu untermauern: »Überhaupt, die Spanier! Nach meiner Ansicht, Sire, müsste Spanien weniger bigott und mehr wahrhaft fromm, mehr liberal und mehr verständig sein.« »Ach ja, sagte der König ein wenig bitter lächelnd, da mögen Sie recht haben, meine liebe Donna, da haben Sie ein Übel genannt, welchen nicht allein in Spanien die Quelle vielen Übels ist.« Und überhaupt sei sie nur nach München gekommen »um seine Kunstschöpfungen zu sehen, welches sie auch schon unter stets steigender Bewunderung getan habe«, wie Leo von Klenze von seinem Sohn Hippolyt erfahren habe.

Lolas Brieföffner-Striptease: »Alles echt, Majestät!«

Lola erinnerte sich in ihren Memoiren genau, wie ihr Ludwig bei der Audienz sagte: »Ja, ich liebe zwar die Kunst, aber mehr noch liebe ich hübsche Frauen, und als solche dürfe Sie meiner Zuneigung sicher sein. Ich bin entzückt, das Sie hierher gekommen sind, ich möchte Ihnen aber raten, sich vor unserem Klima in acht zu nehmen, und will mich überzeugen, ob Sie ausreichend gekleidet sind.« Der Grund für die königliche Wetterwarnung war vordergründig das berühmte Münchner Sauwetter: Es schüttete in den vergangenen Tagen in Strömen, weshalb sogar die Eröffnung des Oktoberfestes vom 3. Oktober drei Tage auf den 6. Oktober verschoben wurde. In Wirklichkeit aber war es Ludwigs Neugierde auf Lolas Busen. So soll Ludwig gefragt haben, »was sich da unter ihrem Korsett verberge, auch wirklich echt sei«. Und Lola griff angeblich nach dem königlichen Brieföffner, machte »rrratsch« und stellte den

König Ludwig I., Gemälde von Carl Wollenweber, um 1840

König Ludwig I. bei der »Visite der oberen Körperteile« während der Audienz von Lola Montez in einer zeitgenössischen Karikatur.

König vor nackte Tatsachen. Leo von Klenze erzählte die Geschichte, über die sogar Fürst Metternich ausführlich Bescheid gewusst haben soll, in einer anderen Version: Der König hätte demnach »mit einer Visite der oberen Körpertheile begonnen, welche weiter zu verfolgen das Corsett verhindert habe. Der König habe nun verlangt, dass dieses Hindernis entfernt werde, worauf Lola Montez versicherte, das könne nicht sein, weil sie es ohne Hilfe einer Kammerjungfer weder ablegen noch wieder anlegen könne.« Ludwig soll versichert haben, dass er »alle nötige Übung und Geschicklichkeit besitze«, eine Frau zu entblättern und »begann Gewalt zu gebrauchen«. Nachdem sich die »Localinspection« über die Kniebänder hinaus stets noch weiter und weiter sich habe erstrecken wollen, habe sie der Sache ein Ende gemacht: »En voila assez Sire, le reste pour une autre fois!« auf gut deutsch: »Genug, den Rest ein anderes Mal!« Ob bei der Audienz ein Brieföffner oder eine Schere im Spiel war oder ob sich der König als Miederfachmann outete: »Die Unterredung war nicht ganz kurz, und ich bemerkte wohl, dass mir diese Audienz sehr rasch Freunde und Feinde geschaffen hatte«, wie Lola in ihren Memoiren die delikate Begegnung beschrieb. Bald nach der Audienz kursierte ein Gedicht, »Lolitas Busen«, das die Schönheit der Lola aufs wohlwollendste beschrieb, und man vermutete, es stamme vom König selbst. Er hatte es auch nie dementiert.

Lola im Königlichen Hoftheater

Auf Befehl des Königs: Lola tanzt im Hoftheater

Lolas Audienz bei Ludwig I. war erfolgreich: Noch am 8. Oktober erging die schriftliche Anweisung des Königs an August Freiherr von Frays (1790–1863), den Intendanten des Königlichen Hoftheaters, sich mit Lola Montez über die Gage und die Art der Auftritte zu einigen. Der König empfahl, sie in den Zwischenaufzügen spanische Tänze in spanischer Tracht tanzen zu lassen. Nachdem bisher in München nicht viel über die »spanische Tänzerin« bekannt war, hatte sich Frays bei Kollegen und Künstlern natürlich erkundigt, mit wem er es hier zu tun hatte und den König vorgewarnt, dass sie schon mal »öffentlich Anstoß erregt hätte« und aus Berlin ausgewiesen worden wäre, weil sie einem Offizier ein Champagnerglas an den Kopf geworfen und danach einen Polizisten mit ihrer Reitpeitsche misshandelt hätte. Der König schrieb die Handgreiflichkeiten eben dem Temperament der Spanierin zu und gab Anweisung für ihren ersten Auftritt: »Genehmige, dass Lola Montez nächsten Samstag im Zwischenakt tanzt gegen der Hälfte der Netto-Einnnahme. Das weitere will ich dann beschließen. Noch heute ihr die Antwort eröffnen mit der Bemerkung, dass ich mich darauf freue sie tanzen zu sehen.« Am Samstag den 10. Oktober stand der Schwank »Der verschwundene Prinz« von Johann von Ploetz (1786–1856) auf dem Programm. Der Drucker des Theaterzettels war in Gedanken scheinbar schon bei der »Demoiselle Lola Montez aus Madrid« und merkte gar nicht, dass er in der Titelzeile ein paar Buchstaben durcheinanderbrachte und schrieb: »Der Verschwunschene Prinz«. Lolas Auftritt wurde besonders hervorgehoben: »In den beiden Zwischenakten tanzt Demoiselle Lola Montez aus Madrid spanische Tänze«.

Märchenfee Lola in der Brienner Straße

Luise von Kobell (1827–1901), die Tochter des Mundartdichters und Mineralogen Franz von Kobell hatte von ihrer Mutter eine Eintrittskarte für die Vorstellung bekommen: »Ich ging also Samstag den 10. Oktober ins Hoftheater. Weil ich viel zu frühe in die

München.

Königl. Hof- und National-Theater.

Samstag den 10. Oktober 1846.

Mit aufgehobenem Abonnement.

Der verschwunschene Prinz,

Schwank in 3 Akten von J. von Plötz.

Personen:

Prinz Wolfgang,	Herr Christen.
Herr von Walberg, Cavalier des Prinzen,	Herr Bürgen.
Der Leibarzt des Prinzen,	Herr Jängl.
Der geheime Sekretär des Prinzen,	Herr Leigh.
Der Kammerdiener des Prinzen,	Herr Obermayer.
Erster Laquai des Prinzen,	Herr Diesinger.
Zweiter Laquai des Prinzen,	Herr Alsdorf.
Frau Rosl, eine arme Schusterswittwe,	Mad. Cramer.
Wilhelm, ihr Sohn, Schuster,	Herr Lang.
Evchen, Schloßverwalterstochter,	Mad. Dahn.
Gräfin Bernau, Hofdame,	Dem. Sölzl.
Hofdamen, Kammermädchen, Laquaien, Jäger.	

Die Handlung spielt in einem Grenzstädtchen, der erste und dritte Akt in der Wohnung des Schusters, der zweite im Schlosse des Prinzen; sie beginnt Abends und endet am Morgen.

In den beiden Zwischenakten tanzt Demoiselle Lola Montez aus Madrid spanische Tänze im Nationalkostüm.

Preise der Plätze:

Eine Loge im I. Rang à 7 Pers.	9 fl. — kr.	Eine Loge im IV. Rang	5 fl. — kr.
Ein Logenplatz	1 fl. 12 kr.	Ein Logenplatz	— fl. [illegible] kr.
Eine Loge im II. Rang	9 fl. — kr.	Ein Sperrsitz auf der I. Gallerie	1 fl. [illegible] kr.
Ein Logenplatz	1 fl. [illegible] kr.	Ein Sperrsitz auf dem Parterre	1 fl. — kr.
Eine Loge im III. Rang	7 fl. — kr.	Parterre	— fl. [illegible] kr.
Ein Logenplatz	1 fl. — kr.	Gallerie	— fl. [illegible] kr.

Die Kasse wird um 5/4 6 Uhr geöffnet.

Anfang um 1/2 7 Uhr, Ende gegen 9 Uhr.

Der freie Eintritt ist aufgehoben.

Auch der Drucker des Theaterzettels hatte nur noch Augen für die sexy Lola und machte aus dem »verwunschenen« einen »verschwunschenen« Prinz.

Loge kam, las ich erwartungsvoll den Zettel: ›Der verwunschene Prinz. Schwank in 3 Akten von J.v.Plötz. In den beiden Zwischenakten tanzt Demoiselle Lola Montez aus Madrid spanische Nationaltänze.‹ Dann sah ich voll Ungeduld den Vorgang an, lauschte dem ersten Akte des Lustspiels, nun fiel der Vorhang. Jetzt erhob er sich, da erschien meine Fee von gestern, Lola Montez. Im Parterre klatschte und zischte man; das Letztere »wegen verschiedener Gerüchte«, erklärte meine Nachbarin, »denn Lola Montez soll eine Missionärin der englischen Freimaurer sein, eine Feindin der Jesuiten – eine Coquette, die schon Liebesabenteuer in allen Weltteilen erlebt hat, nach den Berichten der Zeitungen«. Lola Montez stellte sich in die Mitte der Bühne, nicht in Trikots mit dem üblichen kurzen Ballettröcklein, sondern in spanischer Tracht, mit Seide und Spitzen angetan, da und dort schimmerte ein Diamant. Sie blitzte mit ihren wunderbaren blauen Augen, und verbeugte sich wie eine Grazie vor dem Könige, der in seiner Loge saß. Dann tanzte sie Nationaltänze, wobei sie sich in den Hüften wiegte, und bald diese, bald jene Haltung einnahm, voll unerreichter Schönheit. So lange sie tanzte fesselte sie alle Zuschauer; die Blicke hafteten an ihren geschmeidigen Körperwendungen, an ihrer Mimik, die oft von der glühendsten Leidenschaft in die anmutigste Schalkhaftigkeit überging, erst als sie aufhörte sich rhythmisch zu bewegen, war der Bann gebrochen, und ›der Spektakel ging wieder los‹, wie mein Onkel trocken bemerkte. Aber ich ging ganz verzückt nach Hause.«

»Eine spanische Tänzerin so schlecht, wie es keine zweite gibt«

Weniger verzückt waren dagegen die Münchner Zeitungen, so schrieb der »Bayerische Volksfreund«: » Der uns gebotene sogenannte Fandango aber näherte sich nur in ein paar frivolen, um nicht zu sagen indezenten Figuren oder Berührungen dem wirklichen Fandango und konnte keinen großen Eindruck auf uns machen. Beifall und Missfallen kämpften gegeneinander, ohne dass sich der Sieg entschieden auf eine Seite geneigt hätte«. In Kollegenkreisen dagegen war sie ganz durchgefallen, wie der Tänzer Michael Laroche schrieb: »Lola Montez, eine spanische Tänzerin so schlecht, wie es keine zweite gibt, betrat unsere Bühne zweimal

Drei Tage nach ihrer Audienz bei König Ludwig I. in der Residenz (links) hüpfte Lola »wie ein Känguru« über die Bühne des Königlichen Hoftheaters …

... Die heutige Maximilianstraße rechts neben der Oper wurde erst nach Ludwigs Abdankung von seinem Sohn König Max II. angelegt.

und wurde ausgezischt und gerufen. Sie trat von der Bühne ab, um im Privatleben eine Rolle zu spielen, von der ganz Bayern spricht.«

Nach Lolas Kängurusprüngen versagten die Claqueure

Am 14. Oktober 1846 trat Lola zum zweiten und letzten Mal im Hoftheater auf. Sie tanzte nach dem Lustspiel »Der Weiberfeind von Venedig« die Cachucha und im Zwischenakt des Schwanks »Müller und Miller« den Fandango. Für den Fall, dass es nicht genügend Applaus geben könnte, hatte sie vorsichtshalber eine Gruppe von Studenten als Claqueure organisiert, unter denen auch Leo von Klenzes Sohn Hippolyt war. Vater Leo von Klenze notierte: »Die Tänzerin hatte einige junge Leute, welche sie aus Paris kannte, aufgefordert, ihr bei ihrem ersten Auftreten eine Ovation zu bereiten, zu klatschen, Herauszurufen und Kränze zu werfen. Diese hatten die Mission angenommen und 8–10 ihrer Freunde – alles ehrenhafte junge Leute aus den ersten Familien – so wie auch meinen Sohn aufgefordert, dazu mitzuwirken, welches auch angenommen wurde, indem man beschloss, sie nach der Vorstellung zu einem Souper einzuladen. Die Vorstellung fand statt; die jungen Ritter taten, was sie, ohne den Anstand zu verletzen, konnten; aber das Publikum entschied gegen sie, und bei den wahrhaft kängeruartigen Sprüngen der Schönen hatten namentlich die, welche übernommen hatten, die erbe-

Lola tanzt sich in die Bayerische Geschichte: Nur zwei Auftritte und der König lag ihr zu Füßen – Lithographie von Wilhelm Strack, 1847

tenen Kränze zu werfen, nicht den Mut, dieses gegenüber der Ungunst des ganzen Publikums ins Werk zu setzen. Das Einzige, was bei diesem ersten Tanzversuche auffiel, waren die lasziven Hurenblicke, welche die Tänzerin ununterbrochen und mit der größten Affektation auf den König warf, welcher in der unteren Loge des Proszeniums saß. Es war dieses das erste Zeichen dessen, was geschehen war; aber ich glaubte daraus gleich voraussagen zu können, was noch alles geschehen würde. Als die jungen Protektoren der iberischen Terpsichore sich nun nach der Vorstellung zum Abendessen versammelt und die Mlle. Montez davon unterrichtet hatten, ließ sie ihnen sagen: Da sie ihr so schlecht gedient hätten, wolle sie nichts mehr mit ihnen zu tun haben und auch nicht mit ihnen zu Abend essen. Die jungen Leute gaben sich also das Wort, jeden weiteren Verkehr mit der sogenannten Andalusierin abzubrechen und mit Niemand über diese ganze Angelegenheit zu sprechen.«

Tänzerinnen-Karriere beendet und König Ludwig I. erobert

Mit ihren zwei Auftritten war Lolas Tänzerinnen-Karriere in München beendet: Als Künstlerin bei den Kritikern durchgefallen, vom Publikum mit großem Argwohn begafft, aber dafür hatte sich der König von Bayern hoffnungslos in sie verknallt. In Lolas Memoiren liest sich das so: »Die Hindernisse, welche mir entgegentraten, die Art und Weise ihrer Beseitigung durch die Güte des Königs waren dem Publikum schnell bekannt geworden. War das eine Veranlassung, mir mit einer Kälte zu begegnen, die ich allerdings nicht erwartet hatte? Ist es, dass man eine Ausländerin, eine Fremde wollte fühlen lassen, dass sie vor den Augen des Königs Gnade gefunden hatte? Trotzdem trat ich zum zweiten Male auf, aber ich wurde immer mit derselben Kälte empfangen, obwohl es schon an Stimmen nicht fehlte, die mich gegen geheime Intrige und Verleumdung in Schutz nahmen. Ich konnte mir die Gunst des Publikums nicht erwerben, aber es gab doch Einen in Baiern, welcher mich mit Wohlwollen überschüttete, und dieser Eine galt mir mehr als das Publikum. Nach dem zweiten Male trat ich nicht wieder auf, aber bald wusste es ganz Baiern, dass ich unter dem persönlichen Schutz des Königs stand.«

Lolas Gastspiel im Goldenen Hirschen

Hausverbot nach Massenschlägerei

Lolas erste Adresse in München war auch Münchens erste Adresse: Das nagelneue supermoderne Hotel Bayerischer Hof am Promenadeplatz. Auch wenn sie keinen Gulden in der Tasche gehabt hätte, wäre sie dort abgestiegen, irgendein Verehrer hätte schon bezahlt.

Heutige Möchtegern-Stars mieten sich ja auch nicht in einem möblierten Zimmer im Bahnhofsviertel ein, wenn sie zum Casting anreisen, denn in diesem Geschäft ist es ist nicht wichtig wer oder was man in Wirklichkeit ist, sondern wer oder was man vorgibt zu sein.

Und Lola hatte recht: König Ludwig I. hatte an der angeblichen spanischen Tänzerin angebissen. Er hätte ihr sicher auch weiter

Ludwig I. brauchte von seiner Residenz (links) nur über den Odeonsplatz gehen und schon war er bei seiner Lola im Gasthof zum Goldenen Hirschen, der zwischen Feldherrnhalle und Theatinerkirche lag.

ihre Suite im Bayerischen Hof bezahlt, schließlich bekam sie seit November schon eine königliche Unkostenerstattung von 1000 Gulden im Monat, weit mehr als der König seinen Ministern monatlich zahlte. Sie blieb aber nicht im Bayerischen Hof, sondern zog in den Goldenen Hirschen in der Theatinerstraße um, das alte Münchner Luxushotel, bevor 1841 der Bayerische Hof eröffnete. Ein etwas in die Jahre gekommenes, aber doch noch prächtiges Hotel, dessen große Zeit im 18. Jahrhundert war, als sich Wolfgang Amadeus Mozart, Casanova und Gotthold Ephraim Lessing dort zum Schlafen legten. Der Grund von Lolas Umzug waren nicht die Hotelkosten, sondern die Nähe zu ihrem neuen Verehrer, denn der Goldene Hirsch lag nur einen Katzensprung neben der Residenz. Eigentlich sollte Lola so lange im Goldenen Hirschen wohnen bis ihr Palais in der Barer Straße renoviert und bezugsfertig wurde, aber das gut nachbarschaftliche Verhältnis ging schon vorher auf spektakuläre Weise in die Brüche. Am 3. Februar 1847 fand im Goldenen Hirschen ein Faschingsball statt, bei dem Lola wegen ihres Kammerdieners mit dem Hotelbesitzer Ambros Havard in Streit geriet. Der Streit eskalierte und »Lola stürzte wie eine Rasende hervor und schlug einem der in der

Im Gasthof »Zum Goldenen Hirschen« in München stieg auch Giacomo Casanova (1725–1798) anlässlich einer seiner Reisen durch europäische Länder ab.

Wolfgang Amadeus Mozart war bereits bei seinem erfolglosen München-Aufenthalt im Jahre 1777 im Goldenen Hirschen abgestiegen.

Nähe befindlichen Mitglied der Gesellschaft, einen Schneidermeister namens Riele, mit solcher Wut in das Gesicht, dass seine Brille in Trümmern bis gegen die Mitte des Saales flog«, wie Klenze schrieb. »Der erwiderte den Schlag mit der Rechten, packte die zarte Melusine bei der Gurgel und drängte sie gegen die Wand, während Alles schrie: ›Schlagt das Luder tot! Werft sie aus dem Fenster!‹ Hotelchef Havard wusste sich nicht mehr zu helfen und alarmierte die Polizei in der Weinstraße, die sofort anrückte und alle Raufbolde mit auf die Wache nahm.«

König Ludwig I. begnadigt Lola und bestraft die anderen

Polizeidirektor Johann Nepomuk Freiherr von Pechmann schien etwas überfordert und ließ sicherheitshalber um 5.00 Uhr früh seine Majestät in der Residenz informieren: Immerhin hatte er gerade das G'spusi des Königs verhaftet. Da er im November davor schon mal eine königliche Abmahnung einstecken musste, weil er wegen nächtlicher Ruhestörung gegen Lola ermittelte, ging er diesmal auf Nummer Sicher und bat den König, auf der Polizeiwache selbst für Ordnung zu sorgen. Lola war überglücklich und fiel Seiner Majestät heftig um den Hals. Der Hotelier Ambros Havard hatte jedoch von seinem renitenten Gast endlich die Schnauze voll und warf Lola Montez mit einem Hausverbot aus dem Hotel. Damit war aber der juristische Teil der Schlägerei noch nicht erledigt und Leo von Klenze konnte sich wieder einmal über seinen liebestollen König aufregen: »Die polizeiliche Untersuchung wegen der beschriebenen Kneipenprügelei ward unter der unmittelbaren persönlichen Leitung des Königs geführt und endlich ein Urtheil gefällt, welches dadurch, dass es die einzige eigentlich Schuldige, Mademoiselle Montez nur zu 24 Stunden Hausarrest verurteilte, und die von ihr geprügelten: den Wirt Havard und den Schneider Riele, aber zu 4–5-tägigem Gefängnisse bei Wasser und Brot verurteilte, schon die größte Ungerechtigkeit enthielt. Da begnadigte der König die (um in seiner Art zu sprechen) geprügelt gehabt habende Lolita und befahl, die Strafe der geprügelt seien wordenen möglichst zu verstärken: gerecht und beharrlich!« Lolas nächste Adresse wurde jetzt die Theresienstraße 8, wo sie beim Maurerpolier Lüglein als Untermieterin einzog und ihr Gastspiel im Goldenen Hirschen war zu Ende.

Lolas Palais in der Barer Straße

Luxusvilla als Geschenk nach 21 Tagen

Lola Montez war für König Ludwig I. kein One-Night-Stand, aber um sie in München zu halten musste er ihr auch was bieten. Hotel-Schäferstündchen gaben ihm sicher einen gewissen »Kick«, aber ein Dauerzustand waren sie nicht. Wohin also mit Lola? Als Untermieterin in der Residenz? Da zieht die gutmütige Königin Therese sofort aus. Ihr eine stinknormale Bürgerwohnung mieten? Da läuft ihm seine anspruchsvolle Lola sofort davon. Also blieb ihm nur eine Wahl: Ein »standesgemäßes« Palais musste her, und zwar schnell. Eine nagelneue Villa in der Schwabinger Landstraße, der heutigen Leopoldstraße, hätte wunderbar gepasst, aber der König hatte sie »wenige Tage vor Ankunft der Hure Lola der Königin geschenkt«, wie Leo von Klenze notierte. Als Ludwig den Architekten Friedrich von Gärtner über alles lobte, was er sonst nicht tat, »hieß dieser Ausdruck klar und deutlich: O! wäre doch diese Schenkung nicht erfolgt und hätte ich hier meine Lolita etablieren können!« Vermutlich war sein Hofmaler Joseph Stieler der Retter, der ein paar Häuser neben seinem Atelier eine renovierungsbedürftige Villa in der Barer Straße 7 entdeckte, nicht zu groß und nicht zu klein und nur wenige Minuten von der Residenz entfernt. Baujahr 1807, als die Maxvorstadt zu einem vornehmen Villenviertel erweitert wurde. Der Kaufvertrag mit dem Vorbesitzer Friedrich Adam Schwarz wurde am 29. Oktober 1846 unterzeichnet, 21 Tage, nachdem Ludwig seiner Lola bei der Audienz am 8. Oktober das Mieder öffnete.

»Maria de los Dolores Montes« als Haus- und Grundbesitzerin

Die Villa wurde das erste große Geschenk des Königs an seine Lola: Am 11. November 1846 wurde der Kauf im Magistrat der Stadt verbrieft und Lola Montez als Besitzerin in das Grundbuch eingetragen und vermerkt, dass »Maria de los Dolores Montes genannt Lola Montes für den Ankauf des Hauses Nr. 7 in der Barer Straße von einem Kaufschillinge zu 16.000 Gulden die vorschriftsmäßige Gebühr von 100 Gulden richtig bezahlt habe«. Drei Wochen später

König Ludwig I. von Joseph Stieler drei Jahre vor Lolas Ankunft in München gemalt: 21 Tage nach ihrer ersten Begegnung schenkte er ihr das Palais in der Barer Straße.

Der Architekt Eduard Metzger war zwar nicht die erste Wahl unter Münchens Architekten, dafür erfahren in Renovierungen und der Richtige für die Villa der Lola Montez.

rückten bereits die Handwerker für die Renovierung und den Umbau in der Barer Straße an, der sich allerdings in die Länge zog und erst im April 1847 abgeschlossen werden konnte. Als Architekt für die standesgemäße und Lola-gefällige Renovierung beauftragte der König den Architekten Eduard Metzger (1807–1894), Professor an der Polytechnischen Schule. Metzger war nicht die allererste Garde der großen Münchner Architekten wie Leo von Klenze oder Friedrich Gärtner und er scheint auf Empfehlung von General Karl Wilhelm von Heideck (1788–1861) beauftragt worden zu sein, der gute Erfahrung mit Metzger bei der Renovierung seines eigenen Hauses in der heutigen Gabelsbergerstraße gemacht hatte.

»Die gute Lola weiß mit Geld nicht umzugehen«

Der König kannte General Heideck schon aus seiner Kronprinzenzeit, als er von ihm auf einer Englandreise begleitet wurde und betreute ihn jetzt mit einer besonders delikaten Mission: Er setzte den General als den Finanzberater seiner Lola ein, denn drei Wochen hatten gereicht, um zu wissen, dass ihm seine spanische Tänzerin sehr teuer kommen wird. »Ja, sagte der König, die gute Lola weiß mit Geld nicht umzugehen und ich fürchte, dass sie bei ihrer vorhabenden Haus-Einrichtung tüchtig betrogen wird. Sie sollten, fuhr er mir zugewendet fort, wohl die Gefälligkeit haben, die Rechnungen für ihre Einrichtung durchzusehen, damit sie nicht zu arg übers Ohr gehauen werde«, wie sich General Heideck später erinnerte. Dass man Lola bei der Einrichtung ihrer Villa übers Ohr

Zeitgenössische Darstellung der Barer Straße mit Lolas Palais (es handelt sich um das niedrigere Gebäude)

hauen könnte, glaubte er sicher selbst nicht, Heideck sollte halt aufpassen, dass die Kosten auf seine Rechnung nicht ins astronomische anwachsen. Und er sollte recht behalten: Als Lola im Februar 1848 schon in die Schweiz geflüchtet war, warteten immer noch 53 Gläubiger auf 18.000 Gulden für unbezahlte Lola-Rechnungen aus der Barer Straße. Die Villa war »im Italienischen Style gebaut, aussen ebenso unscheinbar wie innen fürstlich«, wie die Leipziger Illustrierte Zeitung schrieb, eine »geglückte Mischung aus französischer Eleganz, Münchner Kunst und englischem Komfort«. In ihren Memoiren erwähnt Lola noch einen anderen Zeitungsbericht dieser Zeit: »Leib und Seele hat ihr die Natur herrlich ausgestattet. Man denke sich eine schlanke und zartgliedrige Figur, mit reizenden, interessanten Gesichtszügen, tiefblauen Augen und blendend schwarzen Haaren, zartrotem Teint, mit edler gebietender Stirn, Augenbrauen, welche Mut und Entschlossenheit verraten, mit sprechendem liebfreundlichem Munde, in welchem Zähne stehen, wie eine Perlenreihe am Faden hängt. Die zierlichste Hand, der niedlichste Fuß setzt dieses holde Frauenwesen in Bewegung. Es ist der Mühe wert, zu sehen, mit welcher Grazie und indianischer Muskulosität sie den Wagen besteigt und verlässt, welcher sie von ihrer jetzigen Wohnung in der Theresienstraße in das ihr vom Könige zugedachte, vom Grund aus neu erbaut werdende Palais in der Barer Straße täglich führt. Dort leitet sie den Feinbau, denn sie weiß, was Geschmack und Pracht sei.« Jedes Geschoss hatte vier große Zimmer, mit 3,50 Meter Höhe im Parterre und im Obergeschoss mit 3,80 Meter. Im Parterre war ein Gästezimmer mit Bett, Kommode, Waschtisch, dem angeschlossen das »Silberzimmer«

Das Palais der Lola Montez stand in der Lücke links neben der heutigen Hochschule für Film und Fernsehen in der Barer Straße 7 (im oberen Bild einkopiert), Blickrichtung zur Alten Pinakothek.

für das Tafelsilber, von dem Lola nicht genug haben konnte: Nachdem sie ständig beim Silberhändler Maierhofer neue Teile dazugekauft hatte, informierte General Heideck das Geschäft, dass er keine weiteren Rechnungen bezahlen werde, was Lola aber nicht wusste. Als sie wieder mal nachkaufen wollte, »hatte Maierhofer kaum meinen Namen ausgesprochen, als Señora in Wut geriet und mit der Faust in die Glaswand eines nebenstehenden Schrankes so heftig schlug, dass die Scheibe brach und sie sich mit den Scherben die Hand so zerschnitt, dass sie heftig blutete. Meister Maierhofer musste mit einem Sacktuche das Blut hemmen und indessen die Hand verbinden, bis sie zum Arzt geschickt wurde.« Nach der Silberkammer das große Boudoir, eine Art Empfangsraum mit drei Fenstern zum Garten, einem Sofa mit einem runden Tisch und einem Klavier an der Wand. Für die leidenschaftliche Zigarettenraucherin Lola war es auch das Raucherzimmer. Daneben das Speisezimmer, ein zinnoberroter Saal in pompejanischem Stil bemalt, denn pompejanische Dekorationsmode war damals in Bayern gerade groß in Mode. Der Dekorationsmaler Anton Wagner malte sieben schwebende Figuren an die zinnoberroten Wände, die Plüsch-Vorhänge und die Sesselbezüge waren aus grünem Taft.

Herrschaftsbett auf Rollen

Lolas Privatgemächer lagen im 1. Stock. Vom Treppenhaus gelangte man zuerst direkt in ein Ankleidezimmer, weiter über ein Toilettenzimmer. Es hatte einen schmalen Waschtisch aus Palisander mit Marmorplatte, die Spiegel in schwarzem Holzrahmen. Das gesamte Mobiliar des Toilettenzimmers wurde von Leonhard Glink hergestellt, der auch das Toilettenzimmer der Königin Therese in der Residenz ausgestattet hatte. Eine gewisse Ähnlichkeit der beiden Räume dürfte daher kein Zufall gewesen sein. Vom Toilettenzimmer kam man direkt ins Schlafzimmer: Lola hatte ein schwarzes Bett, ein »Herrschaftsbett auf Rollen«, das von einem Vorhang aus roter Seide umgeben war. Daneben standen vier Fauteuils, ein kleines Kanapee auf Rollen, ein Nachttisch, Spiegelschrank, und ein Eck-Divan. Wenn man im Bett lag, blickte man auf eine Gemäldekopie der Madonna Tempi von Raffael, ein Geschenk von Ludwig an Lola. Ludwig hatte das Original 1829 in Florenz für die

Raffaels Gemälde »Madonna Tempi« hatte König Ludwig I. 1829 in Florenz für seine Alte Pinakothek erworben und sich eine Kopie für sein Schlafzimmer malen lassen. Damit über Lolas Bett die gleiche Madonna hängt, schenkte er ihr eine weitere Kopie.

Alte Pinakothek erwerben können und hängte sich eine Kopie in sein eigenes Schlafzimmer. Ob Lolas Madonna eine weitere Kopie war oder Ludwig ihr sein Schlafzimmer-Bild schenkte ist unklar, jedenfalls war es Lola schon vertraut. Lolas großer Salon lag ebenfalls im Obergeschoss zur Gartenseite. Der Raum war ganz in gelb gehalten, Vorhänge und Möbelbezüge waren aus gelber Seide, die Tische und Stühle aus Nussbaumholz und Palisander. An der Südseite war ein etwas zurückversetztes Nebenhaus mit den Zimmern für die Bediensteten, eines livrierten Dieners, einer Köchin und eines Zimmermädchens, das für ihre Wäsche und Kleider zuständig war. Auch die Küche war im Nebengebäude, alle Töpfe und Pfannen aus Kupfer. Am Nebengebäude war auch der Stall und die in Paris gebaute Kutsche untergebracht. In der Mitte des Gartens auf der Gebäuderückseite plätscherte ein großer Brunnen mit einer Bronzefigur des Bildhauers Johann Leeb: »Der Krokodilwürger«, ein 1847 gegossener Knabe, der ein Krokodil umarmt. Über viele Umwege gelangte die Figur später nach Genf und plätschert heute im Innenhof des Musée d'art et d'histoire.

General Heideck kapituliert vor Shopping-Queen Lola

Die Renovierungsarbeiten am Palais waren im April 1847 weitgehend abgeschlossen, aber der Kostenvoranschlag über 20.000 Gulden des General Heideck wurde gewaltig überzogen und die Renovierung verschlang fast das Doppelte: 39.000 Gulden kostete unterm Strich die Verschönerung. Heideck rechtfertigte sich gegenüber dem König, dass die Kosten von Lola selbst hochgetrieben wurden, »da sie ständig Dinge kaufte, die gar nicht vorgesehen waren, wie eine verspiegelte Etagere für die Silberkammer. Auf diese Weise war es mir unmöglich, die Rechnungen der Fräulein Lola fernerhin zu besorgen, da der Besteller auf den Zahler keine Rücksicht nimmt, wenn nicht auch wieder neuer übertriebener Luxus dazukommt und diese Summe noch vergrößert«. Heideck kapitulierte schließlich und schrieb an Ludwig, warum er »den früheren gesellschaftlichen Kontakt mit Fräulein Lola jetzt abzulehnen suche«. Er gab die Beratertätigkeit vollständig auf und zog sich zurück. Am Ende addierte sich der Kauf des Grundstücks mit alter Villa und die gesamten Renovierungs- und Einrichtungskosten auf 85.000 Gulden, was etwa 2,8 Millionen Euro entsprechen würde. Lolas offizieller Einzugstermin war der 28. April 1847, als sie mit der neuen Adresse Barer Straße 7 ins polizeiliche Melderegister eingetragen wurde.

Nach der Vertreibung der Lola im Februar 1848 beauftragte König Ludwig I. den Rechtsanwalt und Notar Guido Rosmann mit dem Verkauf, der den Gesamtwert auf 30.000 Gulden schätzte. Vom Verkaufserlös blieb für Lola nicht viel übrig, denn sie hatte München mit einem beträchtlichen Schuldenberg verlassen. Rosmann stellte eine Liste mit teils gerichtlich eingeklagten, teils außergerichtlich angemeldeten Forderungen zusammen, in dem 53 Gläubiger insgesamt 18.000 Gulden von Lola forderten, die schließlich vom Verkaufserlös getilgt wurden. Danach wurde das Haus von einer Gräfin von Geldern gekauft, wechselte danach mehrmals den Besitzer und wurde 1912 abgebrochen, nachdem eine Versicherung das Gelände aufgekauft hatte. Heute ist das Grundstück, auf dem Lolas Palais stand, unbebaut und gehört zur Hochschule für Fernsehen und Film.

Lola und die Münchner

München anno 1846: »Ein Dorf, in dem Paläste steh'n«

Als Lola Montez im Oktober 1846 nach München kam, hatte die Stadt 85.555 Einwohner, soviel wie heute die zwei Stadtviertel Sendling und die Maxvorstadt zusammen. Die letzten Überreste der mittelalterlichen Stadtmauer wurden von König Ludwig I. gerade beseitigt und breite Prachtstraßen, wie die nach ihm benannte Ludwigstraße, angelegt. München besaß noch keine Kanalisation und das Abwasser der Versitzgruben, Metzgereien und Handwerksbetriebe lief in vielen stinkenden Stadtbächen zusammen. Das Trinkwasser wurde noch in Kübeln aus öffentlichen Brunnen ins Haus getragen. Handwerksbetriebe und kleine Geschäfte waren über alle Viertel verteilt und mittendrin versorgten 20 kleine Brauereien die Münchner mit ihrem Lebenselexier. Und inmitten dieser kleinen, biedermeierlichen Stadt wuchsen Ludwigs antike Prachtbauten in den weißblauen Himmel: Glyptothek, Antikensammlung, Propyläen, Siegestor, Feldherrnhalle, Festsaalbau der Residenz, Ruhmeshalle mit Bavaria. »Man begreift nicht, wie ein Mensch ruhigen Blutes den Gedanken fassen kann, auf einmal das alles zu unternehmen, was der König bauen lässt«, schrieb Fürst

Als Abschluss seiner nach ihm benannten Prachtstraße ließ König Ludwig I. von 1843–1850 von Friedrich von Gärtner das Siegestor bauen, eine genaue Kopie des Konstantinbogens von Rom. Dahinter beginnen die Getreidefelder von Schwabing. Kein Wunder, dass Spötter damals München als »die nördlichste Stadt Italiens« bezeichneten.

Die Vorliebe König Ludwigs I. für das antike Griechenland, wie hier mit der Glyptothek am Königsplatz, hatte München schon zur Zeit von Lola Montez den Spitznamen »Isar-Athen« eingebracht und Heinrich Heine schrieb voll Bewunderung: »München, ein Dorf, in dem Paläste steh'n!«

Karl August Graf von Reisach, seit 1836 Erzbischof von München, achtete als ultrakonservativer Kirchenfürst auf Moral und öffentlichen Anstand.

Metternich, und Detlev von Liliencron: »Welche Pracht in München! Ich bin ganz sicher auf einem anderen Stern!« König Ludwig I. machte München zu »einem Dorf, in dem Paläste steh'n«, wie Heinrich Heine meinte, und der König erklärte seine Bauwut so: »Ich will aus München eine Stadt machen, die Deutschland so zur Ehre gereicht, dass keiner Deutschland kennt, wenn er nicht München gesehen hat.«

Playgirl Lola im sittenstrengen Biedermeier-München

Die Sitten bei der überwiegend katholischen Bevölkerung unter dem ultrakonservativen Erzbischof Karl August Graf von Reisach waren streng: Bei Ballettaufführungen im Hoftheater durften Tänzerinnen keine fleischfarbenen Trikots tragen und bei Hofbällen hatten die Dekolletés hochgeschlossen zu sein. Unter den Vergehen gegen Sitte und Ordnung in der Stadt sind im Königlichen Polizeianzeiger im Oktober 1846 folgende strafbare Handlungen aufgezählt:

18x Verletzung der öffentlichen Sittlichkeit
7x grobes Benehmen gegen die Dienstherrschaft
9x Beleidigungen der Gendarmerie
9 x ungeeignetes Benehmen im Amte
14x Tabakrauchen in der Stadt
13x Störung der nächtlichen Ruhe
98x unangezeigter Aufenthalt
204x Vagieren (beschäftigungslos herumstreunen)

Lola Montez, auch ohne Pferd oft mit Reitpeitsche unterwegs.

In dieses kleinbürgerliche, biedermeierliche München kam am 5. Oktober 1846 mit den Allüren eines heutigen Pop-Stars ein 25-jähriges unglaublich erotisches Playgirl: Abstieg im nobelsten Hotel der Stadt, Künstlerin aus Paris, eine atemberaubende Schönheit, provozierende Teenager-Manieren, extravagante Kleidung, moderne Papierzigaretten rauchend, und auch ohne Pferd mit Reitpeitsche bewaffnet: Vom ersten Tag an war Lola das Tagesgespräch in München und man drehte sich nach ihr um, so wie Luise von Kobell am Tag vor Lolas erstem Auftritt in der Brienner Straße: »Da sah ich vor dem Bayersdorf-Palais eine schwarzgekleidete Dame, einen Schleier auf dem Kopf, einen Fächer in der Hand, des Wegs kommen. Plötzlich funkelte mir was ins Gesicht, ich blieb jählings stehen und betrachtete verwundert die Augen, die dieses Gefunkel verbreiteten. Es leuchtete aus einem blassen Gesichte, das einen lächelnden Ausdruck über mein bewunderndes Anstarren annahm. Dann ging sie oder schwebte vielmehr an mir vorüber. Ich vergaß ganz die mir von Madame Clavelle eingeprägte Anstandslehre, »nie umzusehen« und schaute ihr nach, bis ich nichts mehr von ihr erblicken konnte. So dachte ich mir müssten die Feen in den Märchen gewesen sein.«

»Bei Gott und in Bayern ist alles möglich!«

Es folgte eine von Erotik knisternde Audienz beim König und ein sofortiger von Seiner Majestät befohlener Auftritt im Hoftheater. Hofmaler Stieler wurde noch in der Nacht vom Tegernsee nach München kommandiert, um diesen Weltstar für die Schönheitengalerie zu malen. Und jetzt besucht der 60-jährige Monarch das

Die Münchner Innenstadt zur Zeit der Lola Montez: Der wöchentliche Getreidemarkt auf dem Schrannenplatz, der erst 1854 in Marienplatz umbenannt wurde, mit prächtigen Bürgerhäusern an der Stelle des heutigen Neuen Rathauses.

25-jährige Playgirl auch noch jeden Tag in ihrem Hotel! Ja, wer ist denn das? Auch wenn es 1846 noch keine Promi-Klatschspalten und Society-Illustrierten gab, für die Münchner Ratschkathln und Klatschtanten war eine goldene Zeit angebrochen, und die Münchner waren immer gut informiert: Vor einem Jahr sollen sich zwei ihrer Lover in Paris duelliert haben, der Journalist Alexandre Dujarier soll Rosemond de Beaupin de Beauvallon erschossen haben und Lola soll er auch noch tot um den Hals gefallen sein! Alles wegen Lola! Und in Berlin soll sie Polizisten verprügelt haben, und aus Baden-Baden wurde sie von der Polizei rausgeschmissen, und jetzt liegt sie im Bett von König Ludwig I. und watscht jetzt in München alle ab, die ihr nicht passen! Leo von Klenze staunte über seinen König: »Dass man aber von einem konstitutionellen, frommen, streng katholischen Könige in einem Lande mit freien Institutionen, in einer Zeit, welche monarchische Skandale gebrandmarkt hat, erzählen kann: Am Mittwoch hat sich die anerkannte Geliebte des Königs in einer Kneipe mit Schneidern und Köchen, am Samstage danach auf offner Straße vor einer Kirchentüre mit einem Mauth-Knechte herumgeprügelt, und jener König hat alles erfahren, verteidigt und gebilligt, das ist beispiellos und mit keinem aller bis jetzt bekannt gewordenen monarchischen Skandale zu vergleichen. So etwas ist nur in München denkbar: Bei Gott und in Bayern ist Alles möglich!«

Lola watschte alle ab

Lolas Starallüren, ihre ungebremste Lust am Provozieren brachte die Münchner Seele schnell zum Kochen, und Anlässe gab es genug: Ein Tierarzt wurde von ihr abgewatscht, weil er ihren doggenähnlichen Hund mit dem Namen »Turk« nicht schnell genug heilte. Klenze berichtet auch, wie bei der Frauenkirche »Turk« einem harmlosen Passanten grundlos in's Wadl biss: »Wie begreiflich, wehrte sich dieser mit einem Fußtritte und erhielt dafür in demselben Augenblicke eine tüchtige Ohrfeige von der zarten Hand der guten Mademoiselle Lola.« Der Angegriffene schlug zurück, Lolas Begleiter ebenso, und »in dem Augenblicke war eine Masse Volk versammelt, welches, in Wut auf sie zustürzend, rief: ›Schlagt das Saumensch tot‹ – und dieses wäre gewiss geschehen, wenn nicht

die ihr stets teils in Uniform, teils verkleidet folgenden Gendarmen sie umgeben und in das Haus eines Silberarbeiters Namens Maierhofer geleitet hätten, welches nun schnell barrikadiert und von der stets wachsenden Volksmenge wutschreiend umgeben wurde. Es kamen Gendarmen und Truppen und hielten das Volk soweit im Zaume, dass es endlich möglich ward, die Madame Lola auf einer Leiter über die Mauer eines hinteren Hofes steigen und so, geleitet von dem Polizeikommissär und den Gendarmen, heimlich in einen Fiaker zu bringen und entwischen zu lassen.«

Postler verprügelt, Polizeidirektor entlassen

Auch ein Postbeamter bekam Lolas Hand zu spüren: Er wurde von ihr geohrfeigt, weil er nicht schnell genug einen Brief an sie herausrückte: »In Wut gebracht, gab sie dem armen Beamten trotz des Dienstkleides, welches er trug, Ohrfeigen und Fußtritte und verließ, drohend mit des Königs Zorn, die Post.« In ihren Memoiren liest sich das dann so: »Ich habe allerdings so manche Ohrfeige in meinem Leben ausgeteilt, aber ich habe niemals ein Tagebuch darüber geführt.« Nachdem der Postler Lola wegen »verletzter Amtsehre« bei der Polizei angezeigt hatte, schickte ihr Polizeidirektor Johann von Pechmann (1801–1868) eine Vorladung zur Verneh-

Lola voll in Fahrt, ein Lieblingsobjekt zeitgenössischer Karikaturisten

mung. »Er erhielt dieselbe, von ihr in Stücke zerrissen, mit der Äußerung zurück: sie verstehe kein Deutsch.« Darauf schickte er ihr eine neue Vorladung, denn »einer bayerischen Behörde ist nicht gestattet, einer Hausbesitzerin in München anders als auf Deutsch zu schreiben.« Eine weitere Vorladung wurde geschickt, denn »zu diesem Verhöre würde dann schon ein Dolmetscher erscheinen«. Inzwischen hatte Ludwig von Lolas Polizeiärger erfahren, schrieb dem Polizeichef einen wütenden Brief, in dem er sich aufs heftigste verbat, dass man gegen seine »hochgeschätzte Lola Montez molestiere« und dass er mit seinen Machenschaften »auch den König beleidige, und verbat der Polizei ein für allemal, den Namen Lola Montez auch nur noch einmal zu nennen.« Der verprügelte Postler bat um seine Entlassung aus dem Dienst, was ihm aber der König verweigerte. Dafür warf er mit sofortiger Wirkung Polizeidirektor von Pechmann aus seinem Amt und schickte ihn in den Ruhestand frei nach seinem Wahlspruch: »Gerecht und beharrlich«.

Lola als Bahnhofs-Architektin

Der erste große Münchner Auftrag des Architekten Friedrich Bürklein (1813–1872), der später das Maximilianeum baute, war der neue Hauptbahnhof, dessen Bau 1847 begonnen wurde. Leo von Klenze amüsierte sich königlich, als sein königlicher Auftraggeber Ludwig I. sich über den augenblicklichen Stand des Großprojektes informieren wollte und zur Baustellenbesichtigung auch Klenzes Konkurrenten Friedrich Gärtner zur Bauhütte beorderte: Der kam schon etwas angedudelt zur Baustelle, da er »seiner Gewohnheit nach, dem Becher, wenn auch nicht im Übermaße, doch in reichem Maße zugesprochen hatte. Der König erschien, wartete aber noch, ehe er in die Bauhütte trat, wo Gärtner ihm sagte, dass die Pläne aufgelegt wären, bis ein Wagen vorfuhr, aus welchem die Gräfin Landsfeld von ihrem königlichen Liebhaber gehoben und in die Bauhütte geführt wurde. Man denke sich des Künstlers Überraschung, als der König sie aufforderte, ihre Meinung über den Bauplan zu äußern, und als sie dieses unter dem Beifall des Letzteren sehr entschieden und selbst mit dem Bleistift dieses und jenes ausstreichend oder – man kann sich denken wie – verbessernd vornahm! Der König führte sie dann mit der Weisung wieder zu ihrem

Die Architekten Friedrich von Gärtner (links) und dessen Schüler Friedrich Bürklein (rechts), der den Münchner Hauptbahnhof (unten) von 1847 bis 1849 baute. Lola Montez durfte mit Bleistift die Baupläne korrigieren, was den Architekten »die Besinnung und das Leben raubte«.

Wagen, dass ihre Bemerkungen zu berücksichtigen und der Bauplan danach zu modificiren sei!!!« Architekt Gärtner blieb nicht nur die Sprache weg, sondern war »nun von dem heftigsten apoplektischen Schlage getroffen, welcher ihm Besinnung und Leben raubte«, wie sich Klenze amüsierte. Noch nie hatte sich der König in Kunst- und Bauangelegenheit dreinreden lassen, aber jetzt »war er völlig liebesblind und hat seine Krankheit teuer, teuer gebüßt!« Ob Lolas Modifizierungen im Münchner Hauptbahnhof auch ordnungsgemäß ausgeführt wurden, ist leider nicht bekannt.

Lolas Wadlbeißer »Turk« auf Pfauenjagd

Kein Wunder, dass »Turk« in München genauso gefürchtet war wie sein Frauchen Lola mit ihrer Peitsche. Es war ein Boxer-Mischling, den sie schon bei ihrer Ankunft in München dabei hatte und auf dem polizeilichen Meldezettel unter der Rubrik »Begleitpersonal« vermerkte: »Un chien«. Auch König Ludwig I. ging ihm aus dem Weg, wo er nur konnte. So schrieb er Lola, dass er sich auf ein Wiedersehen am 8. Oktober 1847 freue, aber »ohne dass ein Hund da ist«.

Im Garten des Malers Wilhelm von Kaulbach (1805–1874) richtete er ein Chaos an, bei dem sogar der König als Retter eingreifen musste: Kaulbach hielt sich als Haustiere eine wunderschöne Schar von Pfauen. Als er von Lola ein lebensgroßes Gemälde in Auftrag

Der renommierte Maler Wilhelm von Kaulbach erstellte in seinem Atelier ein lebensgroßes Gemälde von Lola Montez (siehe Seite 64). Bei einer dieser Sitzungen jagte Lolas Hund »Turk« im Garten die dortigen Pfaue.

Lola auf ihrem Wadlbeißer »Turk«, dem gefürchtetsten Hund von München, dem auch König Ludwig I. aus dem Weg ging, wenn sich nicht die Karikaturisten über ihn als Amor mit Liebespfeilen auf Lola reitend lustig machten.

hatte, musste Turk mal Pipi machen und hätte dabei im Garten um ein Haar die exotische Vogelschar zerfetzt, wenn nicht »der draußen wartende Bediente des Malers seines Herrn Lieblingstiere vor den Bissen des Hundes mit einem Prügel« beschützt hätte, wie sich Klenze lebhaft erinnerte. »Das Bellen und Heulen ihres Hundes aber brachte die Mademoiselle Lola in Schrecken, und sie stürzte mit wütendem Geschrei aus dem Atelier, um mit fliegenden Gewändern schreiend und schimpfend den Verfolger ihres Tieres zu verfolgen.« Da es aber frisch geschneit hatte, »suchte der König, ebenfalls aus dem Hause stürzend, seine geliebte Lola zu erreichen, um sie vor der Gefahr zu bewahren, nasse Füße zu bekommen. Nun musste sich Kaulbach ebenfalls dem Zuge anschließen: die fliegend fliehenden Pfauen, der bellende Hund, der prügelbewaffnete Bediente, die wutentbrannte Kunstreiterin, der angstrufende König und endlich der Alle zur Ruhe ermahnende Maler, vor zahlreichen Zuschauern der Nachbarschaft den Platz umkreisend.«

Lola Montez, 1847 lebensgroß gemalt von Wilhelm von Kaulbach

Lolas Shopping-Touren

Stadtgespräch unter den Münchnern waren Lolas Shopping-Touren durch die Stadt, bei denen sie auch mal aus Wut eine Glasvitrine zertrümmerte (s. Seite 50) oder, was öfter vorkam, die Kleider mitnahm und nicht bezahlte.

Klenze erzählte, dass Lola »in einem großen Putz- und Modeladen des H. Schulze manches gekauft«, aber nicht bezahlt hatte. »Da trägt Mademoiselle Lola ihrem königlichen Beschützer auf, den unbescheidenen Gläubiger zurechtzuweisen. Und der stolze König Ludwig gehorcht augenblicklich und willig der Hetäre. Er erscheint morgens, wo der Laden voll Diener, Dienerinnen und Kunden aller Art ist, und fragt zornentbrannt nach Herrn Schulze. Die Frau erscheint und sagt, ihr Mann sei ausgegangen. ›Nun Gut!‹, sagt der König, ›so sagen sie ihm in meinem Namen, er sei ein Flegel! Glauben sie, dass Señora Montez nicht die Mittel hat, ihre elende Rechnung von ein Paar hundert Gulden zu bezahlen? Ich sage Ihnen aber, sie ist reich genug, um den ganzen Plunder ihrer Boutique zu kaufen.‹«

»Lola f....t gut, aber sie tanzt schlecht!«

Konnte man Lolas provozierende Auftritte, die sie gerne mit dem Ausruf »Ich bin die Mätresse des Königs!« krönte, noch als Ungezogenheit abtun, so waren die von Lolas Anwesenheit ausgelösten wirtschaftlichen Einbußen für die Münchner nicht mehr zu verkraften: Wegen der Demonstrationen gegen seine Lola bestrafte der König die Studenten mit der Schließung der Universität und dadurch auch die Münchner, weil sie auf die Ausgaben zum Lebensunterhalt von tausenden von Studenten ein Jahr lang verzichten sollten. Kein Wunder, dass König Ludwig I. wegen seines starrsinnigen Festhaltens an seinem G'spusi und der völligen Fehleinschätzung ihrer Wirkung auf die Münchner mehr und mehr die Achtung der Bevölkerung verlor.

Von alteingesessenen Münchner Familien ging sowieso niemand zu den rauschenden Festen in das Palais dieser »Bordellhure«, für die Klenze in seinen Aufzeichnungen ein ganzes Alphabet von Schimpfnamen bereit hielt wie »Fleisch gewordene Lüge«, »Bordellpriesterin«, »verbuhlte Seiltänzerin«, »Furie«, »öffentliche

Rauschendes Fest in Lolas Palais mit ihren »Lolamannen«, wie die Münchner die Studenten der Verbindung »Alemannia« nannten, …

… die ihre Studentenkäppis angeblich aus Lolas Unterröcken schneidern ließen.

Dirne«, »Gossenhure«, »Allerweltshure«, »tollgewordene Hündin«, oder ganz einfach ein »Saumensch«! Klenze wusste auch, was von Lola in Paris die Runde gemacht hatte: »Dass man in Paris allgemein von ihr sagte, Lola f....t bien mais elle danse mal!« (Lola f....t gut, aber sie tanzt schlecht!).

Auf Befehl des Königs zu Lolas »gehasster und verachteter Gesellschaft«

Dazu kam die offene Ablehnung auch beim Militär, bis hin zur Befehlsverweigerung, wenn Ludwig Offizieren das Erscheinen bei Lolas Soireen befahl, um denen den Anschein von Seriosität zu verleihen. Als Lola eine Abendgesellschaft zu Ehren der gerade in München auftretenden Tänzerin Taglini gab, hatte Ludwig wieder einmal größte Mühe, die erste Riege der Münchner Prominenz in Lolas Palais in der Barer Straße antreten zu lassen. Mit welchen diplomatischen Verrenkungen die Eingeladenen zu kämpfen hatten, zeigt das Schicksal von General Karl Wilhelm von Heideck, den Ludwig persönlich die Einladung ausgesprochen hatte, wovon sich Heideck aber überrumpelt fühlte: Nach der Endabrechnung

Kriegsminister Leonhard Freiherr von Hohenhausen wurde per königlichem Befehl zu Lolas Abendgesellschaft kommandiert.

für Lolas Palais-Einrichtung hatte er dem König unmissverständlich gesagt, »dass ich nun nichts mehr mit dieser Dame zu schaffen habe! Seit den Skandalen, die sie verursacht, hatte ich dem König unumwunden meine Missbilligung ihrer Aufführung und meinen Widerwillen gegen sie und ihren Charakter ausgesprochen. Und in diesem Augenblick sollte ich bloß um ihren Eigensinn und ihre Eitelkeit zu schmeicheln ihre gehasste und verachtete Gesellschaft besuchen und mich und meine Familie dem allgemeinen Hass und der Verachtung des Publikums bloßstellen! Dieses war zuviel verlangt«, und Heideck schrieb an Ludwig einen Brief, in dem er seinen Widerwillen gegen die befohlene Einladung aussprach: »Seitdem aber hat Fräulein Lola durch die bekannten Straßen- und Wirtshausauftritte, durch die ungezähmten Ausbrüche ihres Temperaments, vor allem aber durch unvorsichtige und gehässige Äußerungen, welche selbst Eure Majestät kompromittieren, die ganze öffentliche Meinung gegen sich empört, so dass ich Eurer Majestät allerunterthänigst raten muss, den Versuch, Allerhöchst ihre Hofbeamte in ihre Gesellschaft zu bringen, zu vertagen.« General Heideck ahnte, dass seine Weigerung einer Befehlsverweigerung gleichkommt und schrieb, dass er lieber das »bis zum Tode treue und dankbare Opfer« für den König spielen werde. Der General erschien trotzdem nicht auf dem Fest und wurde vom König in Ungnade in den Ruhestand geschickt. Statt Heideck musste Ludwigs neuer Kriegsminister Leonhard Freiherr von Hohenhausen (1788–1872) bei Lolas Party antreten: »Hohenhausen, ich befehle es Ihnen als ihr König und Herr!«

Lolas Verdienst: Rauchen wieder erlaubt!

»Seit undenklichen Zeiten war das Tabakrauchen in den Straßen der Stadt auf das strengste verboten«

Den Münchnern blieb die Luft weg: Es durfte wieder geraucht werden, fast in der ganzen Stadt! Das Rauchverbot auf öffentlichen Straßen und Plätzen war von einem Tag auf den andern aufgehoben, ohne dass irgendjemand dagegen protestiert oder einen Antrag gestellt hätte. Es durfte also wieder gequalmt werden! Wie verblüfft die Münchner waren, ist beim Stadtchronisten Ernst von Destouches nachzulesen: »Seit undenklichen Zeiten war das Tabakrauchen in den Straßen der Stadt auf das strengste verboten und es fanden bei Übertretungsfällen in jedem Jahre viele Verhaftungen und Strafvereitelungen statt. Umso auffallender war es, als mit einem Male eine öffentliche Ausschreibung im Polizeianzeiger vom 20. Juni 1847 erschien, wonach dieses Verbot aufgehoben und das Tabakrauchen in den Straßen der Stadt, mit Ausnahme in der Nähe der königlichen Residenz und in den Arkaden des Hofgartens gestattet wurde.«

Das Verbot stammte aus dem Jahr 1834 und war nicht aus Rücksichtnahme auf die Gesundheit der Nichtraucher erlassen worden, denn in Gaststätten und allen Innnenräumen konnte jeder qualmen wie er wollte, sondern aus Feuerschutzgründen. Die Gefahr, dass durch weggeworfene Zigarrenreste oder Feuerhölzer ein Brand ausbricht, war bei der Bauweise des 19. Jahrhunderts noch sehr groß: »Das Tabakrauchen ist in allen Straßen der Stadt und im Hofgarten, über hölzernen Brücken, in dem Leichenacker, beim Vorübergehen an Militärwachposten und während der Dulten auf dem Platze vor den Schaubuden am Karlstore verboten. Zugleich wird dieses Verbot auf dem Odeonsplatz, auf die Ludwigstraße, auf die Brienner Straße, auf den Wittelsbacherplatz und auf die Straße zwischen dem Odeon und dem Herzog Leuchtenbergischen Palais ausgedehnt. Wer gegen diese Bestimmung handelt, hat sich die daraus entstehenden Unannehmlichkeiten und insbesondere die

Lola Montez mit obligatorischer Papierzigarette auf einem zeitgenössischen Foto.

Bestrafung in Geld oder Arrest selbst zuzuschreiben. 1834 Königliche Polizei-Direktion München«.

Lola rauchte wie ein Bootsknecht

Seit aber Lola Montez in München war, »welche den ganzen Tag wie ein Bootsknecht Tabak raucht«, wie Klenze schrieb und für die die gerade erfundenen hochmodernen Papierzigaretten zum Statussymbol einer emanzipierten mondänen Frau von Welt gehörten, musste die Feuergefahr von allerhöchster Stelle neu eingeschätzt werden.

Als Mätresse des Königs konnte sie ja nicht ständig von der Polizei belästigt werden, wenn sie sich beim Shopping in der Stadt eine anzündete. Zuhause in ihrem Palais ging ihre Zigarette ja sowieso nie aus und ihre Gäste bekamen zur Begrüßung auch eine gesteckt, »indem sie den zu ihr Eintretenden entweder nur die Zigarre oder den am Lichte angezündeten oder den von ihr selbst angerauchten Glimmstengel darreicht.« Ludwig machte da natürlich keine Aus-

Bis Lola Montez auf Münchner Straßen qualmte, durfte nur in Wohnungen und Gaststätten geraucht werden – oder wie bei Fotograf Franz Hanfstaengl in seinem Atelier.

nahme und zur großen Überraschung von Klenze »hatte sie den sonst so außerordentlich großen Widerwillen des Königs gegen Tabakrauchen nicht allein soweit besiegt, dass er selbst rauchen lernte, sondern sogar das Tabakrauchen auf allen Straßen durch eine spezielle Verordnung erlaubte«.

Also weg mit dem Rauchverbot:

»Infolge der Entschließung der Kgl. Regierung für Oberbayern Kammer des Inneren vom 16. d. mts. wird bekannt gemacht: Das bisherige Verbot des Tabakrauchens in den Straßen und auf den Plätzen Münchens ist aufgehoben.

Das Tabakrauchen bleibt nur verboten: In den Straßen und auf den Plätzen um die k. Residenz, also Residenzstraße (vom Postgebäude bis zum Eingange des Hofgartens), Hofgartenstraße, Marstallplatz, Zeughausplatz, Max Joseph Platz. Im Hofgarten und den dortigen Arkaden. Vor, während und nach der Dultzeit an den Schau- und Kaufmannsbuden auf dem Dultplatz in der ganzen Ausdehnung zwischen den dort aufgestellten Warnungstafeln bis zur jedesmaligen gänzlichen Entfernung der Buden.

München den 18. Juni 1847
Königliche Polizei-Direktion
Mark. k. Polizei-Direktion München«

Wie König Ludwig I. zu Rauchen begann …

Da sich aber trotz sofortiger Veröffentlichung des aufgehobenen Rauchverbotes die neue Freiheit nicht so schnell herumgesprochen hatte wie es sich Lola wünschte, hatte sie ihren Ludwig überredet, doch mit gutem Beispiel voranzugehen, wie Klenze schrieb: »Da aber der zarten Lolita die heilsamen Effekte dieses segensreichen Gesetzes nicht schnell genug auf allen Straßen entgegentraten, so glaubte der König dieses durch sein eigenes Beispiel befördern zu müssen«. Und die Münchner verstanden die Welt nicht mehr, wenn sie Seine bisherige Nichtraucher-Majestät König Ludwig I. bei seinen Spaziergängen Zigarre rauchend durch die Stadt gehen sahen: »Und man sah den 61-jährigen Schüler in der stinkenden Studentenkunst seiner extremen Art gemäß in den Straßen spazieren gehen mit einem langen Zigarren-Glühstengel in der Hand, aus welchem er mit den lächerlichsten Grimassen von Zeit zu Zeit ein Paar Züge tat, um dann wieder mit ekelerfüllten Gebärden rechts und links auszuspucken, um sich des ungewohnten Geschmackes zu entledigen!«

… und wie er wieder zum Nichtraucher wurde

Nachdem die Lola-Montez-Story für immer vorbei war, Ludwig die Königskrone niedergelegt hatte, alle Zahlungen und das Liebesbriefe-Schreiben eingestellt war, dauerte es seine Zeit bis er sich in

Franz Kobell als Raucher auf dem Odeonsplatz. Fotomontage von Franz Hanfstaengl, der sich damit über die Aufhebung des Rauchverbots lustig machte.

Leo von Klenze, scharfsinniger Begleiter König Ludwigs I.

das neue königliche Rentnerleben fügte: »Zuvörderst ward mit Gewalt Alles entfernt gehalten, was das Gemüt trüben und beängstigen konnte«, schrieb Klenze. »An die Stelle der früheren Klagen trat ruhige, anfangs erzwungene, dann zur Gewohnheit gewordene Gleichgültigkeit gegen Alles widrige und unangenehme: ›Ich will mich nicht ärgern‹, sagte mir der König hundertmale, und was das bei einem Manne heißt, welcher nie etwas anderes als seinen Willen gewollt hat. ›Ich habe mir‹ sagte er ferner, ›in meinem Kopfe gleichsam ein eigenes Fach eingerichtet, wohin ich sogleich alles lege, was mir widerwärtig, lästig, und unangenehm ist, und liegt es einmal da, so habe ich es bald vergessen.‹« In dieser Zeit des Vergessens ging Klenze mit ihm einmal durch den Hofgarten, »als uns ein Qualm von Tabaks-Dampf aus den Zigarren einer Gruppe vor uns gehender junger Leute entgegen kam, welcher sowohl dem Könige als mir sehr lästig ward: ›Bei meiner Zeit war es verboten, diesen öffentlichen Spaziergang zu verpesten!‹ Wie ich schon gesagt habe, war er es selbst, welcher auf Ersuchen der geliebten Lolita das Tabakrauchen im Hofgarten gestattete, ja selbst dadurch zu befördern gesucht hatte, dass er mit gutem Beispiele voran ging, wie schwer es ihm auch werden mochte.«

Lola wird zum Politikum

Auf Befehl des Königs: Lola erhält das Bürgerrecht

Um einen bayerischen Adelstitel zu erlangen war Voraussetzung, dass die zu adelnde Person das Heimatrecht besaß, das »Indigenat«, was einer bayerischen Staatsbürgerschaft entsprechen würde. Das war bei Lola Montez eine heikle Angelegenheit, denn Zweifel bestanden ja schon bei ihren Personalien: Schließlich kam sie nach München ohne Ausweispapier oder gar einem Pass.

Mit der Schenkung des Palais in der Barer Straße zeigte sich bereits, dass der König Lola Montez für längere Zeit in München ansässig machen wollte. Um der anfänglichen Ablehnung der Münchner und dem distanzierten Umgang der Münchner Gesellschaft und des Hofes zu begegnen, glaubte der König mit einer Einbürgerung und einer darauffolgenden Erhebung in den Adelsstand den Vorurteilen und Bedenken den Wind aus den Segeln nehmen zu können. Aber genau das Gegenteil kehrte ein: Die Verleihung der Staatsbürgerschaft und die Ernennung in den Adelsstand trieben die Affäre mit Lola Montez erst recht in die Katastrophe. Die Voraussetzungen das Bürgerrecht zu erlangen waren zum Beispiel der Nachweis einer Gewerbekonzession, eines geregelten und nicht zu geringen Lohnerwerbs, oder eines Grundbesitzes in München. Darauf spekulierte offenbar der König, indem er Lola mit der Barer Straße zur Grundbesitzerin machte.

Schon am 2. Dezember 1846 beantragte der mit der Abwicklung des Hauskaufs von Ludwig I. beauftragte Anwalt August Manostetter im Namen seiner Mandantin »Maria de los Dolores Montes, genannt Lola Montez, Realitätenbesitzerin in München« beim Magistrat »die Erwerbung des bayerischen Indigenates durch Naturalisation«.

Einer Haus- und Grundbesitzerin hätte eine Einbürgerung wie in anderen vergleichbaren Fällen eigentlich zugestanden, aber die Geschichte war den Stadträten doch »zu heiß« und sie verhielten sich, wie man sich in solchen Fällen eben verhält und taten erst mal nix. Nach einer Beschwerde des Lola-Anwaltes, der er sogar ein

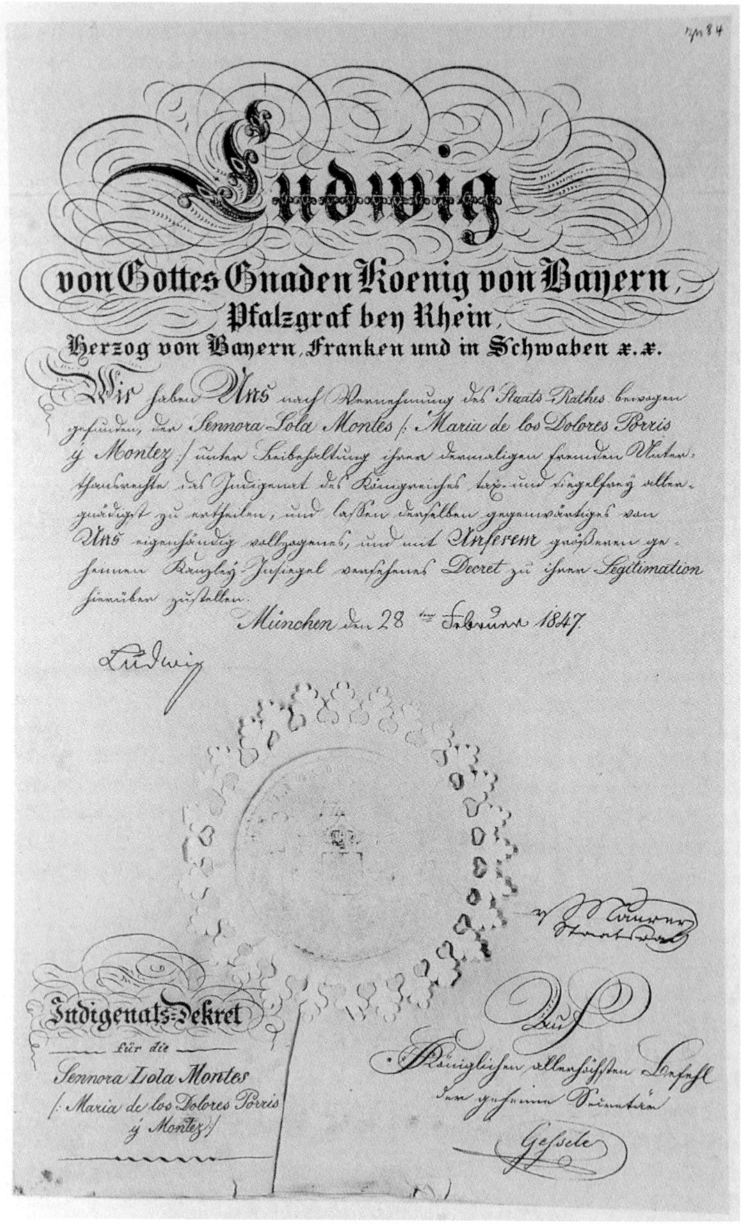

Ludwig

von Gottes Gnaden Koenig von Bayern, Pfalzgraf bey Rhein, Herzog von Bayern, Franken und in Schwaben x. x.

Wir haben Uns nach Vernehmung des Staats-Rathes bewogen gefunden, der Sennora Lola Montes (: Maria de los Dolores Porris y Montez :) unter Beibehaltung ihrer dermaligen fremden Unterthanschaft das Indigenat des Königreichs tax- und siegelfrey allergnädigst zu ertheilen, und lassen derselben gegenwärtiges von Uns eigenhändig vollzogenes, und mit Unserem grösseren geheimen Kanzley-Insiegel versehenes Decret zu ihrer Legitimation hierüber zustellen.

München den 28ten Februar 1847.

Ludwig

v. Maurer
Staatsrath

Auf Königlichen Allerhöchsten Befehl
der geheime Secretär
Gessele

Indigenats-Dekret
für die
Sennora Lola Montes
(: Maria de los Dolores Porris y Montez :)

polizeiliches Zeugnis beilegte, das Lola als unbedenklich erklärte, wurde die Beschwerde zurückgewiesen, weil sich die Antragstellerin nicht einmal mit einem Pass oder mit anderen Dokumenten ausweisen konnte.

König Ludwig I. stellt die Machtfrage

Der König hatte jedoch von Amts wegen das Recht, per Dekret das Bürgerrecht zu verleihen, was er auch vom Stadtrat unbeanstandet bei einigen Künstlern schon durchgesetzt hatte. Nur bei seiner Lola lagen die Voraussetzungen eben anders. In einer Sitzung am 8. und 9. Februar 1847 diskutierte der Magistrat den Indigenatsantrag der Lola Montez, der jedoch keine Mehrheit der Stadträte fand. Ein Gutachten mehrerer Ämter hatte zudem empfohlen, das Gesuch abzulehnen. Der König bestand dagegen auf Erteilung des Bürgerrechts und fand auch keinen Grund, warum er das jetzt nicht selbst per Dekret veranlassen sollte. »Wo dem König das Recht zu steht, lasse ich mich in dessen Ausübung nicht beschränken«, ließ er über seinen Innenminister ausrichten. Und so erteilte er gegen den Willen der Münchner Stadträte und seiner Minister Lola Montez am 28. Februar 1847 mit einem königlichen Dekret das bayerische Indigenat. In der Formulierung der Urkunde schrieb er sehr geschickt, dass das Indigenat »nach Vernehmung des Staats-Rates« vom König erteilt wurde, woraus ja nicht hervorgeht, dass der Staatsrat auch zugestimmt hätte. So hatte Ludwig I. einen Beschluss gefasst und einen Befehl erteilt, den jeder in seinem Kabinett abgelehnt hatte und die Machtfrage war gestellt: der König oder die Minister. Als erster bat Außenminister Otto von Bray-Steinburg (1807–1899) um seine Entlassung, da er sich weigerte, das Einbürgerungs-Dekret der Lola Montez zu unterschreiben. Bray wurde beurlaubt und die Lola-Montez-Story entwickelte sich zur Staatsaffäre.

Gegen manche Widerstände aus dem Münchner Stadtrat und der zuständigen Ministerien erteilte Ludwig I. in einem königlichen Dekret vom 28. Februar 1847 seiner Lola Montez die vollen Bürgerrechte.

Außenminister Otto von Bray-Steinburg verweigerte die Unterschrift unter das königliche Einbürgerungsdekret für Lola Montez und trat zurück.

Wegen Lola: Rücktritt der gesamten Regierung

Mittelpunkt der Lola-Montez-Affäre wurde Karl August von Abel (1788–1859). Er war seit 1838 Bayerns Innenminister und König Ludwig I. bezeichnete ihn in guten Zeiten als seinen »ersten Staatsmann«. Bis zur Ankunft von Lola Montez war Abel die zuverlässigste Stütze in der Regierung unter Ludwig I., »welcher bis jetzt sein Leben daran gesetzt hatte, dem Könige zu lehren, wie man ungestraft gegen die Worte der Constitution handeln könne«, wie Leo von Klenze schrieb, wie er also königliche Macht auch mal gegen die Vorschriften ausüben kann und soll. Nichts anderes machte Ludwig aber mit dem Dekret für seine Lola, aber da schieden sich bei Minister Abel die Geister und er stellte sich mit aller Macht gegen seinen König. »Die unbenennbare Weibsperson betreffend« stand auf dem Aktendeckel zu seinen Unterlagen über Lola Montez. Daraus entstand im Februar 1847 ein Memorandum, in

Der bayerische Innenminister Karl von Abel trat während der turbulenten Verhandlungen um die vom König gewünschte Einbürgerung der Lola Montez mit dem gesamten Kabinett am 13. Februar 1847 zurück.

dem Abel darlegte, wie durch das Indigenat im ganzen Land das Nationalgefühl verletzt wäre, »weil Bayern sich von einer Fremden, deren Ruf in der öffentlichen Meinung gebrandmarkt ist, regiert glaubt«. Abel kam zum Schluss: Entweder der König jagt Lola Montez zum Teufel oder er entlässt alle seine Minister. Die Lage spitzte sich zu, als das Memorandum plötzlich in der Augsburger Allgemeinen Zeitung in vollem Wortlaut veröffentlicht wurde, und Abel verdächtig war, die Veröffentlichung selbst eingefädelt zu haben. Luise von Kobell dagegen wusste, dass die Abschrift für die Zeitung aus dem Schreibtisch des Kriegsministers Gumppenberg kam: »Die Schwester eines Ministers las eines Tages im Geheimen das Memorandum, teilte es im Geheimen ihren Freundinnen mit, diese lasen es gleichfalls im Geheimen, dann wanderte das wichtige Schriftstück in das geheime Fach des Schreibtisches zurück, und plötzlich – man wusste nicht wie noch woher, erschien der Inhalt des Memorandums in der Zeitung.« Die jetzt öffentliche Aufforderung Abels, alle seine Minister zu entlassen oder sich von Lola zu trennen, prallte bei König Ludwig I. kommentarlos ab und er tat erst mal nichts. Und so musste Abel handeln: Am 13. Februar trat er mit dem gesamten Kabinett geschlossen zurück, und das Königreich Bayern war wegen Lola Montez ohne Regierung.

Wie aus Lola Montez die Gräfin von Landsfeld wurde

»Ich war nicht mehr Tänzerin, ich war Gräfin«

Der erste Versuch von König Ludwig I., Lola Montez in die Gesellschaft zu integrieren, war fehlgeschlagen: Nachdem er die von allen Seiten abgelehnte Verleihung der Bürgerrechte per Dekret, also mit all seiner königlichen Gewalt durchgesetzt hatte, trat seine Regierung geschlossen zurück, mit einer Ausnahme: Der neuernannte Außenminister Georg Ludwig von Maurer (1790–1872) hatte sich der Stimme enthalten und tolerierte stillschweigend Ludwigs Entscheidung. Zusammen mit Friedrich Carl Freiherr von Zu Rhein (1802–1870) bildete er eine neue Regierung, das »Lola-Ministerium«, wie es von der Bevölkerung abschätzig genannt wurde. Nun startete der König den zweiten Versuch, Lola gesellschaftsfähig zu

Georg Ludwig von Maurer, der Außenminister und Leiter der neuen Regierung, unterzeichnete das Adelsdiplom für Lola Montez erst, nachdem er von König Ludwig I. zum Reichsrat ernannt worden war.

Friedrich Carl Freiherr von Zu Rhein hatte in der neuen Regierung als »Ministerverweser« die Leitungen der Ministerien für Finanzen sowie für Kirchen- und Schulangelegenheiten übernommen, gleichzeitig war er von König Ludwig I. zum Staatsrat ernannt worden.

machen, indem er sie in den Adelsstand erheben wollte. Auch hier brauchte er die Unterschrift seines Ministeriums.

Zuständig für verfassungsmäßige Vorgänge wie Adelsfragen war Maurer, dem Ludwig von seiner Sommerresidenz in Aschaffenburg das Adelsdiplom am 4. August 1847 nach München zur Unterschrift schickte. Um alle Zweifel an der Verfassungsmäßigkeit des Dokuments zu zerstreuen, ließ er ihn wissen: »Es ist keine Verfassungsverletzung, das Grafendiplom zu unterzeichnen, für Adelsverleihungen braucht der König niemand zu vernehmen.« Und damit er auch gleich weiß, was geschieht, wenn er nicht unterschreibt: Dann würde er ganz einfach »einen anderen Ministerverweser ernennen«.

Aber Maurer handelte nach dem Prinzip »eine Hand wäscht die andere«, gab in der Öffentlichkeit vor, die Adelsernennung auch nicht gut zu finden, unterzeichnete aber das Adelsdiplom dann doch am 14. August 1847, nachdem Ludwig ihn zum »Reichsrat« ernannt hatte, die Bedingung für Maurers Unterschrift. Während König Ludwig I. am 25. August 1847 in Aschaffenburg seinen 61. Geburtstag feierte, wurde in der Hofkirche der Münchner Residenz das Adelsdiplom an Lola Montez überreicht: »Wir Ludwig von Gottes Gnaden König von Bayern, Franken und in Schwaben erkunden und bekennen hiermit, dass Wir beschlossen haben, die aus Spanischem Adel geborene Maria von Porrys und Montez, Lola Montez, in den gräflichen Stand unter der Benennung einer Gräfin von Landsfeld allergnädigst zu erheben. Ausgestellt am 25. August, dem Geburtstag König Ludwig I.«

Gräfin Landsberg? Landsfeld? Mansfeld?

Lola Montez war weder »aus spanischem Adel geboren« noch gab es einen Ort oder eine adelige Familie mit dem Namen »Landsfeld«. Irgendwie passte der Titel »Landsfeld« aber doch, denn wie so vieles im Leben der Lola Montez war auch der frei erfunden, und es gab keinen Ort, keine Burg, kein Geschlecht »Landsfeld«, kein Wunder, dass in manchen Texten und Chroniken aus der Gräfin Landsfeld eine Gräfin Landsberg oder Mansfeld wurde. Auch das gräfliche Wappen der Gräfin von Landsfeld war der Phantasie entsprungen und stammte aus der Hand Ludwigs I. Ihr Alter in der Urkunde war ebenfalls falsch, und Ludwig nahm es mit Humor: »Du meine geliebte Schlaue, Du hast Dich mir gegenüber zwei Jahre jünger gemacht. Ich lese gerade in einer Zeitung Deine Erklärung vom 30. März dieses Jahres, dass Du im Jahre 1823 geboren bist und nicht im Jahre 1825, wie Du mir gesagt hattest. Aber man kann einer Frau verzeihen, wenn sie sich jünger macht, als sie wirklich ist.« Alles falsch: Lola wurde weder 1825, noch 1823, sondern 1821 geboren.

»Die Feinde werden wütend sein, wenn sie Dich als Gräfin sehen«

Von Aschaffenburg aus hatte Ludwig die Adelserhebung am 21. August angekündigt, ein paar Tage früher, weil ja die Post auch ihre Zeit brauchte, und er nannte sie in der Anrede bereits mit dem neuen Namen und als ob er ahnte, was er damit angestellt hatte, riet er ihr zu äußerster Vorsicht: »Gräfin Landsfeld, für mich wirst Du immer meine Lolitta sein. An meinem Geburtstag mache ich mir selbst das Geschenk, Dir die Gräfinnen-Würde zu verleihen. Ich wünsche, dass das eine gute Wirkung auf Deine soziale Stellung hat, auch wenn das keine Änderung in der Regierung bewirkt. Lolitta kann keinen König lieben und nicht einmal schätzen, wenn

Karikatur anlässlich der Erhebung von Lola Montez zur Gräfin von Landsfeld durch König Ludwig I.

er sich nicht selbst regiert, und Dein Ludwig will von seiner Lolitta geliebt werden. Die Feinde und insbesondere die Feindinnen werden wütend sein, wenn sie Dich als Gräfin sehen. Das ist noch mehr Grund, vorsichtig zu sein und zu vermeiden, da aufzutreten, wo Aufruhr entstehen kann und wo viele Leute sind. Es ist möglich, dass die Feinde die Gelegenheit suchen, Aufruhr zu provozieren und gegen Dein Leben trachten. Vorsicht! Du musst immer meine Lolitta sein. Dein Herz muss immer meines sein, alles immer für Deinen treuen Luis.«

»Sämtliche Volksklassen durchglüht Verachtung und der Hass gegen Lola«

»Die Lola Montez ist ja endlich Gräfin geworden!«, schrieb Hofmaler Wilhelm von Kaulbach (1805–1874) am 30. August 1847, und weiter: »Das ist ja herrlich, das freut mich sehr – da gehört sie hin, zum hohen Adel, der ist so trefflich, edel, keusch, wie sie selbst ist, der Bürgerstand soll froh sein, dass er sie los ist, dem war sie zu gut für sie – also weg mit den H....!« Lola Montez' Erhebung in den Grafenstand war im Königreich Bayern ein seltenes und außerordentliches Ereignis und ist nicht zu verwechseln und gleichzusetzen mit der Erhebung in den bürgerlichen Adelsstand, bei dem vor dem bürgerlichen Familiennamen ein »von« vorangestellt wurde. In den bürgerlichen Adelsstand mit der Verleihung des »Civil-Verdienstordens der Bayerischen Krone« wurden von König Ludwig I. viele Künstler erhoben, wahrscheinlich mit dem Hintergedanken, dass sie sich über seine bekannt schlechte Bezahlung nicht so ärgern wie der Bildhauer Ludwig von Schwanthaler, die Architekten Leo von Klenze und Friedrich von Gärtner, oder der Maler Wilhelm von Kaulbach. Mit der Erhebung in den Grafenstand erreichte der König bei bürgerlichen wie adligen Schichten der Bevölkerung genau das Gegenteil von dem, was er sich erhoffte: Lola wurde noch stärker in der Gesellschaft gemieden, isoliert und abgelehnt als zuvor. Nach Wien berichtet ein Diplomat: »Ein einziges Gefühl scheint Bayern, und zwar sämtliche Volksklassen und Individuen zu durchglühen, und das ist die Verachtung und der Hass gegen Lola.« Und Andreas Schmeller, Chef der Hof- und Staatsbibliothek notierte: »Lola Montez finis Bavariae«.

Ohne Veröffentlichung keine Titel-Annahme

Lola Montez war mit ihrer Erhebung in den Adelsstand alles andere als zufrieden: In einem Brief vom 2. September 1847 an Ludwig lehnte sie die Ernennung sogar ab, weil er immer noch nicht in den Zeitungen und Amtsblättern veröffentlicht war: »Du hast mir einen Titel von Deinem Land gegeben, was wirklich sehr gut und sehr freundlich ist. Aber wenn dieser Titel nicht in den Amtsblättern öffentlich verkündet wird in Übereinstimmung und entsprechend den Regeln Deiner anderen Erlasse, dann kannst Du nicht überrascht sein, wenn ich diesen Titel, den Du mir gegeben hast, nicht akzeptiere. Du hast Dich wegen Deiner eigenen Handlung geniert, und Deine Minister haben Angst gehabt, diesen Titel amtlich zu verkünden. Du hast mich damit gedemütigt wie kaum ein anderer. Solange ich nicht sehe, dass dies dort veröffentlicht wird, wo alle Deine Amtsentscheidungen erscheinen, kann ich einen Titel auf so eine Weise nicht akzeptieren. Du hast mir großen Kummer bereitet und es ist ohne Zweifel ein großer Triumph für alle meine Feinde. Es nützt mir nicht viel, einen Titel zu haben, den keiner kennt. Die Öffentlichkeit soll die Wahrheit erfahren, und ich ziehe es vor, nicht zu akzeptieren als das auf diese Weise zu haben.« Der König gehorchte: Staatsrat Berks bekam die Anweisung, im Regierungsblatt für das Königreich Bayern die Ernennung zur Gräfin Landsfeld veröffentlichen zu lassen. Jetzt war ihr Wunschtraum in Erfüllung gegangen: »Ich war nicht mehr Tänzerin, ich war Gräfin«, schrieb sie in ihren Memoiren. »Ich hatte, wie mein guter Freund sagte, ein Palais, eine Equipage, Bediente, Silberzeug und Geld, so viel ich wollte. Das deutsche Volk, die Bayern, das Münchner Publikum wollten von mir nichts wissen als Tänzerin, warum konnte es nicht mit mir als Gräfin sein Heil versuchen?«

Lola Montez in der Schönheitengalerie

Stieler malt, Lola spielt Gitarre und Ludwig flirtet

Die Schönheitengalerie König Ludwigs I. gehört heute zu den bekanntesten Touristenattraktionen der bayrischen Schlösser und wird an Popularität nur von Schloss Neuschwanstein seines Enkels König Ludwig II. übertroffen. Seine Idee, »die Schönsten des schönen Geschlechts in München zu malen«, reicht in seine Zeit als Kronprinz zurück: Schon 1821 besprach er mit Joseph Stieler (1781–1858) die geplante »Sammlung der schönen Köpfe«. Stieler war schon unter Ludwigs Vater König Maximilian I. zum bayerischen Hofmaler ernannt worden und wurde in der Folge der führende Portraitmaler des Königreichs Bayern. Neben seinem Bild der Lola Montez ist sein bekanntestes Gemälde das 1828 geschaffene Altersportrait von Johann Wolfgang von Goethe. Ursprünglich hing die Schönheitengalerie im Festsaalbau der Residenz und

Der Hofmaler Joseph Karl Stieler, hier in einem Selbstporträt 1845 im Alter von 64 Jahren, war der Schöpfer von 36 Bildern der Schönheitengalerie, die zwischen 1827 und 1850 geschaffen wurden.

Das Bildnis der Lola Montez in der Schönheitengalerie in Schloss Nymphenburg malte Joseph Stieler im Jahre 1847.

zählte mit dem letzten Bild, der 1850 gemalten 15-jährigen Maria Dietsch (1835–1869) 36 Portraits von kaum 20-jährigen Frauen, die von König Ludwig I. für schön befunden wurden. Schon zur Regierungszeit Ludwigs I. waren sie täglich von 11.00 bis 12.00 Uhr für die Öffentlichkeit zugänglich und waren damals schon eine Touristenattraktion. Nachdem die Gemälde im 2. Weltkrieg ausgelagert waren, sind sie seitdem im Schloss Nymphenburg ausgestellt.

Die Idee, Lola Montez von Stieler für die Schönheitsgalerie malen zu lassen, kam Ludwig sofort bei ihrem ersten Auftreten am 8. Oktober 1846, und der König überrumpelte buchstäblich seinen Hofmaler, wie Leo von Klenze berichtet: »Stieler war noch in Tegernsee, als er durch eine Stafette nach Mitternacht geweckt ward, welche ihm den königlichen Befehl brachte, augenblicklich abzureisen und sich in München einzufinden, wo der König seiner bedürfe, um ein Portrait zu machen. Angelangt, sagte ihm der

König, dass es die Mlle. Lola sei, von welcher es sich handle, und dass er die Arbeit augenblicklich zu beginnen habe.« Stieler hatte sein Atelier eigentlich am Tegernsee, aber auch ein Stadtatelier in einer Villa direkt neben dem Palais von Lola Montez in der Barer Straße. Vermutlich fanden aber die ersten Portraitsitzungen mit Lola in der Residenz statt, bei denen Ludwig unbedingt anwesend sein wollte. »Im Fall es geschieht Tag und Stunde der ersten Sitzung mir angeben. Sobald als tunlich«, ließ er Stieler wissen. Graf Senfft schrieb an Fürst Metternich, dass Stieler am 18. Oktober 1846 Lola Montez zu malen begonnen habe. Während Stieler pinselte, spielte Lola dabei Gitarre und sang für Ludwig spanische Lieder: »... und ich möchte Deinen Gesang mit Gitarrenbegleitung bewundern. Ich habe ihn einmal genossen, als Stieler Dein Portrait im Oktober 46 malte, in den ersten Tagen unserer Bekanntschaft«, wie sich Ludwig im Jahr darauf in einem Brief an Lola erinnerte.

»Welche Götterexistenz, in Lolas Gegenwart zu schwelgen«

Auch bei den Lola-Sitzungen scheinen sich dramatische Szenen abgespielt zu haben, wie Klenze von Stieler erfahren hatte: »Der verliebte Enthusiasmus steigerte sich bei diesen Sitzungen schnell und bis zu den unglaublichsten Ausbrüchen eines Liebesenthusiasmus, von welcher selbst Stieler, der doch fast alle seine zahlreichen Liebesgeschichten gekannt und in der Nähe gesehen hatte, behauptete, noch kein Beispiel von Etwas ähnlichem zu kennen. Es konnten die Ausbrüche dieses Enthusiasmus nur des Liebestammelers Raserei genannt werden. Er versicherte hundertmal, jetzt erst wisse er, was Liebe sei; seine Lola habe ihn als Mensch und als Dichter verjüngt, seine Liebesgedichte überträfen Alles, was er früher hervorgebracht!!!« »Welche Götterexistenz!«, rief er einmal aus, »hier in ihrer Gegenwart zu schwelgen«:

»Süßer Liebe Strahlen drangen
durch des Lebens düst're Grau.
Das Gewölke ist vergangen,
und der Himmel wieder blau.
Laß auf's Neu den Dichter schwärmen,
ohne Lieb erstarrt das Blut,

Laß ihn wieder sich erwärmen
an der Liebe ew'ger Gluth!
Wenn sich still die Tage gleichen,
Kein Gefühl das Herz bewegt,
Muss des Dichters Muse schweigen
freudenarm und unerregt.
Jetzt von Liebe hochgetragen,
Mir des Ird'schen Last entweicht,
Zaubrisch fühl' ich's in mir tagen
und das Leben wieder leicht.
In des Äthers lichte Höhe
Sich verklärt die Seele schwingt,
Wenn ich will in Deiner Näh,
Wo mich Seligkeit umschlingt.«

Lola, das »8. Weltwunder der Natur«

Ludwig war allerdings mit der ersten Version von Stielers Gemälde völlig unzufrieden, der sie im Kostüm einer spanischen Tänzerin malte, mit ziemlich freiem Oberkörper und einer Maske in der Hand. Dem erotischen Reizen sonst nicht abgeneigte König war das aber eine viel zu freizügige Darstellung und Stieler musste schwarzen Samt darübermalen. »Stieler, die Gräfin Landsfeld ist ein ehrbares Frauenzimmer! Male er sie in schwarzem Samt«, soll er gesagt haben und Stieler präsentierte 1847 eine neue Version, in einem hochgeschlossenen schwarzen Samtkleid und leuchtend blauen Augen, genauso wie Ludwig Lola in seinem Gedicht »Die Andalusierin« beschrieben hatte:

»Leuchtend himmlisch blaue Augen
Gleich des Südens Äther klar,
Die in Seligkeit uns tauchen,
Weiches glänzend schwarzes Haar.«

Auch reklamierte er, dass sie »nicht jugendlich genug« dargestellt sei: »Ihr Pinsel wird alt«, soll er zum Maler Stieler gesagt haben und der, nicht auf den Mund gefallen: »Für einen alten Pinsel schön genug!« Diese erste beim König durchgefallene Version ging wahr-

Obere Reihe von links nach rechts:
Maximiliane Borzaga, 1827
Isabella von Tauffkirchen-Engelberg 1828
Amalie von Lerchenfeld, 1828
Antonietta Cornelia Vetterlein, 1828
Charlotte von Hagn, 1828
Nanette Kaula, 1829
Anna Hillmayer, 1829
Regina Daxenberger, 1829
Lady Jane Elizabeth Digby (verh. Ellenborough, 1831

Zweite Reihe von links nach rechts:
Crescentia Bourgin, 1833
Irene Marchesa von Pallavicini, 1834
Caroline von Holnstein, 1834
Jane Erskine, 1837
Therese Spence, 1837
Mathilde von Jordan, 1837
Wilhelmine Sulzer, 1838
Antonie Wallinger, 1840
Rosalie Julie von Bonar, 1840

Schönheitengalerie Ludwigs I., heute in Schloss Nymphenburg, alle gemalt von Joseph Karl Stieler
(hinter der Namensangabe das jeweilige Entstehungsjahr)

Dritte Reihe von links nach rechts:
Marie Friederike von Preußen, 1843
Friederike von Gumppenberg, 1843
Caroline von Oettingen-Wallerstein, 1843
Elise List, 1844
Emilie Milbanke, 1844
Josepha Conti, 1844
Alexandra Amalie von Bayern, 1845
Auguste Ferdinande von Österreich, 1845
Lola Montez, 1847

Untere Reihe von links nach rechts:
Marianna Marchesa Florenzi, 1831
Amalie von Schintling, 1831
Helene Sedlmayr, 1831
Sophie Friederike von Bayern, 1841
Katharina Botzaris, 1841
Caroline Lizius, 1842
Maria Dietsch, 1850
Anna von Greiner, 1861
Carlotta von Breidbach-Bürresheim, 1862

scheinlich in Lolas Besitz über, die es 1849 in London verkaufen wollte.

Als Lolas Portrait in der Residenz ausgestellt wurde, kam es zu einem Besucheransturm, wie sich Josephine Kaulbach erinnerte: »Stieler hat in diesen Tagen die Lola ausgestellt, und alle Welt läuft hin, um dieses achte Wunder der Natur zu sehen.«

Warum der Sohn der »Schönen Münchnerin« Helene Sedlmayr »Ludwig« heißt

Weder Kirchenvertreter noch die Verwandtschaft und die Bevölkerung hatten bisher Anstoß an Ludwigs zahlreichen Liebesaffären vor Lolas Ankunft genommen. Sie gingen alle still und leise über die Bühne und deren Folgen wurden auch alle genauso still und leise vom König finanziell und als Taufpate erledigt. Niemand regte sich zum Beispiel auf, sondern man schmunzelte nur, dass sich der König so liebevoll um den Sohn der Schusterstochter Helene Sedlmayr kümmerte und ihn mit Geschenken überhäufte. 1831 ließ er die 18-jährige von Joseph Stieler malen, wobei ihr Portrait als der Inbegriff der »Schönen Münchnerin« bekannt wurde. Der König

Helene Sedlmayer (1813–1898), die Dienstbotin eines Geschäftes, war dem König Ludwig I. aufgefallen, er ließ sie 1831 von Joseph Stieler für seine Schönheitengalerie malen, verheiratete sie 1832 mit seinem Kammerlakai Hermes Miller und wurde Taufpate ihres bald danach geborenen Sohnes Ludwig.

Helene Sedlmayer im Atelier des Hofmalers Joseph Stieler, König Ludwig I. sitzend vor dem entstehenden Gemälde.

war nicht nur in die schöne Helene, sondern auch in ihr Gemälde verknallt: »Bist nicht gemalt! Du bist es selbst, Du lebst! Die Augen, liebeschwimmend sehn mich an!« Helenes erstes Kind wurde auf den Namen Ludwig getauft und König Ludwig I. war nicht nur der Taufpate, er überschüttete den kleinen Ludwig mit Geschenken und verheiratete die schöne Helene mit seinem Kammerdiener Hermes Miller.

Noch aufgewühlter war Ludwig offenbar 1839 bei der 16-jährigen Tänzerin Antonia Wallinger (1823–1893), »von welcher der König dem Maler Stieler, welcher ihr Bild für die Sammlung der Schönheiten malen musste, selbst sagte, dass er wohl schönere Geliebte, aber niemals eine gehabt habe, welche seine Sinne in einem so hohen Grade gereizt hätte.«

Auch der Sohn von Marchesa Florenzi (1803–1870), die er 1826 malen ließ, bekam den Namen Ludovico und auch bei ihm war Ludwig der Taufpate. So war es ihm jetzt ein Rätsel, dass man sich plötzlich über seine Lola so aufregt, wie Leo von Klenze schrieb: »Der Freiherr von der Tann sagte mir, der König selbst habe ihm mehrere male gesagt, dass er gar nicht begreifen könne, wie man ihm aus seinem Liebesverhältnis zu Lola solch ein Verbrechen machen könne, da es doch das fünfzigste sei, und da man deren 49 geduldet habe, ohne Etwas dagegen zu sagen.«

»Entkleide sie sich!«

Für Ludwig waren die Portraitsitzungen bei Stieler eine nach außen hin unverfängliche Gelegenheit, den ausgesuchten Modellen näher zu kommen, wovon aber nicht alle jungen Damen begeistert waren: Die 1827 portraitierte Maximiliane Borzaga hatte sich Ludwigs Atelierbesuche ausdrücklich verbeten, es ging sogar das Gerücht, sie hätte ihn handgreiflich abgewehrt. Eine ähnliche Begebenheit erwähnte Klenze über ein Wandgemälde von Klemens von Zimmermann (1788–1869), als sich Ludwig die Adresse eines jungen Nackt-Modells geben ließ und sie sofort zuhause aufsuchte: »Am Tage darauf besuchte ich den General Heydecker, welcher sich in einem Badezimmer von dem Professor Zimmermann die Scene des Hylas hatte malen lassen; er erzählte mir, auch der König habe vor einigen Tagen das Bild gesehen und besonders die schönen Formen einer der nackten Nymphen bewundert, zu welcher der Maler ein Mädchen aus München als Modell benutzt hatte. Er, der König – sei dann gleich zu Zimmermann gegangen und habe sich die Adresse jenes Mädchens sagen lassen; dieses wäre dann bald darauf zu ihm gekommen und habe ihm erzählt, der König habe sie besucht und durchaus gewollt, sie solle sich nackt ausziehen. Sie habe dieses aber trotz der wiederholten Befehle: ›Entkleide sie sich! Entkleide sie sich doch!‹ hartnäckig abgeschlagen, und der König habe sie deshalb sehr unwillig verlassen.«

Maximiliane Borzaga (1806–1837), Tochter eines in München in der Rochusgasse bei der Dreifaltigkeitskirche ansässigen Salinen- und Leihhauskassierers, wurde 1827 von Joseph Stieler für die Schönheitengalerie gemalt und soll sich ausdrücklich die Atelierbesuche durch König Ludwig I. während der Sitzungen verbeten haben.

Antonie Wallinger (1823–1893), Tochter eines Münchner Kaufmanns und Hoftheaterökonoms war Tänzerin am königlichen Hoftheater und wurde 1840 von Stieler für die Schönheitengalerie gemalt.

Auch nach der Lola-Affäre: Ludwigs Lust auf junge Mädchen

Auch nach der Lola-Montez-Affäre war Ludwigs Lust auf blutjunge Mädchen nicht verflogen und seine Suche nach jungen hübschen Modellen für seine Schönheitengalerie ging weiter. Für eine angesehene Münchner Bürgerfamilie musste es nach allem, was über Lola Montez bekannt geworden war, als Frechheit empfunden werden, wenn sich Seine Majestät schon wieder in ein hübsches junges Mädchen vergafft und es zum Modellsitzen ins Maleratelier von Joseph Stieler mehr oder weniger befiehlt. Es musste ja keine ernste Affäre daraus entstehen, aber allein schon mit der Tatsache, dass die Tochter vom königlichen Frauenhelden ausgespäht wurde und die Familie des Mädchens einverstanden ist, dass ihre Tochter jetzt für den König beim Stieler Modell sitzt, war Rufschädigung genug. Genauso erging es zwei Jahre nach der Lola 1850 der Familie des berühmten Lithographen und späteren großen Fotografen Franz Hanfstaengl, dessen 18-jährige Tochter Pauline von Ludwig I. irgendwo in der Stadt gesehen wurde und der von ihr fasziniert war. Sie sollte das letzte Gemälde in seiner Schönheitengalerie werden.

So hätte König Ludwig I. die schöne Münchnerin Pauline Hanfstaengl 1850 gerne in seiner Schönheitengalerie gesehen, aber er bekam sie nicht: Ihr Vater, der Lithograph und spätere Fotograf Franz Hanfstaengl wollte Pauline nicht in Verbindung zu Lola Montez bringen und verweigerte Joseph Stieler die Malerlaubnis. Dafür durfte sie dessen Mitarbeiter Friedrich Dürck verewigen, aber nur für die privaten Räume der Familie Hanfstaengl.

Der König bekam sie nicht: Malverbot für 18-jährige Pauline Hanfstaengl

Nachdem Joseph Stieler Franz Hanfstaengl den Wunsch Seiner Majestät geschrieben hatte, war Hanfstaengl entsetzt und brauchte einige Zeit, um eine geeignete Antwort zu finden. Sein Brief vom 27. Februar 1850 an Stieler lässt bei allen höflichen Floskeln keine Zweifel daran, was über den Wunsch Seiner Majestät gedacht wird: »Als Seine Majestät König Ludwig in jüngst verflossenen Tagen meine Tochter mit schmeichelhaften Bemerkungen zu erwähnen geruhten – erlaube ich mir als Künstler den Einwurf, dass es mehr die jugendliche Erscheinung sey, welche in dem unbefangenen Ausdruck ihren Sitz findet, doch den äußeren Formen nach den strengen künstlerischen Begriffen von Schönheit nicht genügen. Es möchte dieser Einwurf von dem Vater wohl noch Seiner Majestät zu wenig erheblich und conventionell erscheinen und es dürften weitere Anführungen der Gründe meines Ablehnens erwartet werden.«

Es folgen elterliche Pflichten »in ihren Kindern Eitelkeit nicht zu nähren« und dass Pauline mit ihrem »unbefangenen und bescheidenem Wesen« ... »ihren nicht minder auszeichnungswürdigen Jugendfreundinnen« entfremdet werden könnte. Auch müsse er auf die Gesinnung seiner Verwandten Rücksicht nehmen, aber wenn das noch nicht reicht, läßt er durchblicken, dass er auch noch deutlicher werden könnte: »Gelten diese Bedenken nicht als genügend, so walten für mich noch andere durchaus nicht zu beseitigende vor. Es dürfte genügen und mir Verlegenheit ersparen, weitere Gründe hervorzuheben, welche Sie selbst ahnen dürften.« Joseph Stieler reichte noch am Tag des Empfangs den Brief mit einem Begleitschreiben an König Ludwig I. weiter, der darauf verzichtete, »weitere Gründe« über die Ablehnung seines Wunsches zu erfahren, die er ja »selbst ahnen« konnte. Einige Monate später amüsierten sich Hanfstaengls Freunde dann doch über seine Tochter Pauline als täuschend ähnliches Gemälde der Schönheitengalerie: Friedrich Dürck, der Schüler von Joseph Stieler, malte Pauline ganz im Stil und in gleicher Größe wie die Bilder der anderen Frauen der Galerie, und so konnte jeder die Schönheit seiner Tochter auch ohne König Ludwig I. in der Wohnung ihres Vaters bewundern.

König Ludwig I. – ein »erotischer Sonderling«

Fuß-Fetischist

»Der König ist nun einmal ein erotischer Sonderling« – Leo von Klenze brachte es auf den Punkt. Mit biedermeierlichen Maßstäben ließen sich die sexuellen Bedürfnisse von König Ludwig I. nun einmal nicht beschreiben, für die er auch »raffinierteste Anstrengungen aus der Pariser Schule« nicht scheute, so »wußte man von täglichen Weinbädern, welche der erschöpften Natur des neuen Anakreon aufzuhelfen, angewendet würden.« (Anakreon war ein griechischer Lyriker um 570 v. Chr., der erotische Gefühle als Ausdruck der Seele beschrieb.) Was muss das für Spaziergänger im Englischen Garten für ein Schockerlebnis gewesen sein, als sie tief im Gebüsch Seine Majestät den König beim Liebesspiel mit seiner Lola erblickten. »Es ist halb neun, und ich bin schon zum anderen Ende des Englischen Gartens und wieder zurück gegangen. Es ist das erste Mal, dass ich, seitdem Du fort bist, dort gewesen bin. Am anderen Ende, wo ich hinter den Hecken Küsse von Deinem Mund bekam, hast Du zu mir gesprochen, wenn auch nicht laut«, wie Ludwig am 19. Juni 1848 in wehmütiger Erinnerung seiner Lola in ihr Schweizer Exil geschrieben hat. Gehört haben die Münchner also nix, aber gesehen: Bald darauf kursierten nämlich unzweideutige Karikaturen von Seiner Majestät im Englischen Garten. Seine sexuellen Vorlieben bei Lola Montez gingen aber über den erotischen Kick in den Büschen des Englischen Gartens noch in ganz andere Richtungen: König Ludwig I. war ein typischer Fuß-Fetischist, eine in der Geschichte der Erotik häufig vorkommendes Phänomen. Der Bildhauer Johannes Leeb (1790–1863) bekam 1847 den ehrenvollen Auftrag, einen Fuß der Lola Montez in Marmor zu meißeln, was dieser erst nach einigen technischen Zauberkunststücken zu Ihrer Majestät Zufriedenheit bewerkstelligen konnte. Lolas Füße entsprachen nämlich in keiner Weise den Fuß-Vorbildern antiker griechischer oder römischer Statuen, sondern ähnelten sehr normal-verbogenen Ballett-Tänzerinnen-Füße. Bildhauer Leeb nahm zwar einen originalgetreuen Gipsabguss der Lola, verwendete

Klenze berichtete auch, wie Ludwig sich fit hielt: Um der »erschöpften Natur des 60-jährigen Königs aufzuhelfen, wusste man von täglichen Weinbädern, die angewendet würden«.

aber dann für den Lola-Fuß aus schneeweißem Cararra-Marmor als Vorbild insgeheim den Fuß der Venus von Milo, »und das Götterwerk war vollendet«, wie Leo von Klenze schrieb: »Leeb selbst gestand dieses ganz offen und spottete über den Unterschied des nach der Natur abgeformten verquetschten, durch enge Schuhe und Tanz fast verkrüppelten und durch Krähenaugen verunzierten Fuß-Originals und seiner nach der Venus von Milo gefertigten Kopie.« Lolas Füße reizten den König aber auch, wenn Lola gar nicht anwesend war. In kaum einem Brief, besonders nachdem sie aus München rausgeworfen war, fehlte die Sehnsucht, Lolas Zehen oder auch den ganzen Fuß in den königlichen Mund stecken zu dürfen. »In meinen Träumen küsse ich Deine Zehen und nehme sie in den Mund«,

Englischer Garten mit Blick auf München, Lithographie von J. Kirchner, 1846

schrieb er an Lola am 21. Februar 1848, eine Woche nachdem sie München verlassen musste, und am 24. März: »Letzte Nacht träumte ich davon, Deinen kleinen Fuß in meinem Mund zu haben« und am 15. Juli schrieb er, nie andere Füße in den Mund genommen zu haben. »Ich nehme Deine Füße in meinen Mund, wo ich niemals andere gehabt habe, Das wäre abstoßend für mich gewesen, aber nicht bei Deinen.« Und während er einen geheimen Besuch in der Schweiz plante, bei dem er inkognito als »Graf von Spessart« reisen wollte, war er in Gedanken schon wieder bei Lolas Füßen: »Nach dem Spaziergang, wenn Deine Füße sauber sind

Mit Lolas Füßen verbanden sich für König Ludwig I. besondere erotische Reize, wie hier in einer Karikatur von 1848, auf der er als griechischer Gott Apoll seine Lola besingt.

wie zuvor, will ich sie in den Mund nehmen, so dass Du die Gefühle sehen kannst von Deinem treuen Luis.«

Flanellstoff-Fetischist

Aber nicht nur Lolas Füße stimulierten den Fetischisten Ludwig I., auch Stoffe, die Lola auf nackter Haut getragen hatte, lösten beim König erotische Empfindungen aus, wie ein nicht näher bekanntes Stück Flanellstoff, das Lola Montez nach genauen Anweisungen an bestimmten Körperstellen tragen musste. Am 29. August 1847 schrieb sie ihm, dass sie das Flanellstück schickt, »das ich den 26. den ganzen Tag auf meiner Brust getragen habe«. Ludwig wollte aber mehr darüber wissen: »Du schreibst mir, dass Du einen Tag und eine Nacht das Flanell angezogen hast, ich gebe Dir Küsse dafür, aber ich will auch wissen, ob Du es an den zwei Stellen getragen hast.« Das Nächste Flanellstück kam am 4. September: »Ich schicke Dir heute das Flanellstück, das ich heute wegen der Kälte auf dem Bauch getragen habe.« Ludwig erfreut darüber: »Ich lege das Flanellstück auf meine Brust und auch etwas tiefer. Sag mir, ob Du es an beide Stellen gelegt hast ...« Natürlich hatte Lola das Flanell »wechselseitig für einen Tag und für eine Nacht getragen aus Liebe zu Dir, die immer heißer wird«.

Flannell-Stücke, die Lola an bestimmten Körperstellen getragen hatte, erregten die Phantasie von König Ludwig I. auf besondere Weise.

Ludwigs erotische Anregungen

2943 Briefe an Mariannina Marchesa Florenzi und ihr gemeinsamer Sohn Ludovico

Ludwigs außereheliche Liebesverhältnisse vor Lola Montez gingen unbemerkt und unaufgeregt über die Bühne. Weder seine Familie, noch seine Minister oder Kirchenvertreter störten sich an seinen in der Regel nicht sehr lang dauernden Liebschaften, die zum Teil in den Gemälden seiner Schönheitengalerie (siehe Seite 90/91) dokumentiert sind, wie das Bild der Mariannina Marchesa Florenzi (1802–1870), einer italienischen Adeligen, Philosophin und Übersetzerin, die er 1821 in Rom kennengelernt und mit ihr einen Sohn und wahrscheinlich auch eine Tochter hatte. Der am 31. Oktober 1821 geborene Sohn wurde auf den Namen »Ludovico« getauft und galt offiziell als Sohn ihres Gatten Ettore, wobei Ludwig als Taufpate fungierte und ihn und seine Schwester in Bayern ausbilden ließ und sich zeitlebens fürsorglich um sie kümmerte und finanziell unterstützte. Bis zu ihrem Tod schrieb Mariannina über 2000 Briefe und Ludwig antwortet ihr in 2943 Briefen. Ludwig ließ

Marianna Marchesa Florenzi, hier auf einem Stieler-Gemälde der Schönheitengalerie, lernte Ludwig I. bereits in dessen Kronprinzenzeit kennen und stand mit ihm zeitlebens in einem engen brieflichen Kontakt. Literatisch gebildet und interessierte Leserin und Übersetzerin philosophischer Werke, stellte sie das weibliche Ideal einer gebildeten Frau der damaligen Zeit und einer geistreichen Gastgeberin bei kulturellen Zusammenkünften dar.

sie nicht nur für die Schönheitengalerie malen, eines ihrer Portraits hängt auch in der Neuen Pinakothek, das Heinrich von Hess 1824 in Rom im Auftrag von Ludwig gemalt hatte. Natürlich verfolgte sie von Rom aus die Affäre mit Lola Montez und verbat sich auf das heftigste, dass ihr Portrait in der Schönheitengalerie neben dem der Lola Montez gehängt wird, ein Befehl, der bis heute respektiert wird.

Neun Kinder mit Königin Therese

Ludwigs Ehefrau Therese von Sachsen-Hildburghausen war zu klug, um sich über die G'spusis ihres Genmahls aufzuregen und versuchte die jungen Damen ganz einfach zu ignorieren. Kronprinz Ludwig heiratete Therese am 12. Oktober 1810, was zur Geburtsstunde des Münchner Oktoberfestes wurde, da die Münchner Bevölkerung ihre Hochzeit mit einem großen Volksfest feierten, das dann alljährlich wiederholt wurde. Bis 1828 wurden dem Paar neun Kinder geboren, und Ludwig war der Ansicht, dass er damit nicht nur seine ehelichen Pflichten zur Genüge erfüllt hatte, sondern auch ausreichend für das Fortbestehen der Königlichen Linie gesorgt hatte.

Königin Therese (1792–1854) war die feinfühlige und treu ergebene Gemahlin eines äußerst schwierigen Mannes, dem eheliche Treue schwerfiel. Sie duldete viele Eskapaden ihres Mannes. Als aber der König 1831 seine italienische Geliebte Marianna Marchesa Florenzi an den bayerischen Hof einlud, verließ sie München demonstrativ, und reiste zu ihrer Verwandtschaft nach Hildburghausen.

König Ludwig I. und Königin Therese mit ihren acht KIndern (eine Tochter verstarb früh) auf einer Lithographie von J. Melcher um 1833. Links neben ihm Kronprinz Maximilian, der nach seiner Abdankung die Königskrone übernahm.

»Man darf mich und Lola nicht nach dem gewöhnlichen Maßstab messen«

Für seine außerehelichen Liebschaften hatte er eine ganz einfache wie plausible Begründung, die er über einen Brief an Erzbischof Melchior Freiherrn von Diepenbrock (1798–1853) und an alle bayerischen Bischöfe mitteilte: »Ich bin König, aber ich bin auch Dichter und lege auf meine poetische Anregung und Begeisterung einen hohen Werth; diese aber finde ich am sichersten im Umgange mit dem schönen Geschlechte. Deshalb, ich leugne es nicht, habe ich stets mit weiblichen Wesen Bekanntschaften unterhalten.« Und für den Fall, dass die katholischen Würdenträger das Verhältnis des Künstlers Ludwig I. mit seiner Muse Lola Montez immer noch nicht verstehen: Uns darf man halt nicht mit normalen Maßstäben messen: »Der Schein trügt oft, und dieses ist auch der Fall rücksichtlich meines Verhältnisses zur Señora Lola Montez, welches man, wie mich selbst, nicht nach dem gewöhnlichen Maßstabe messen und beurteilen darf.« Es war ihm auch unbegreiflich, dass man sich jetzt plötzlich über die Lola so aufregt, wie Leo von Klenze schrieb: »Der Freiherr von der Tann sagte mir, der König selbst habe ihm mehrere male gesagt, dass er gar nicht begreifen könne, wie man ihm aus seinem Liebesverhältnisse zu Lola solch ein Ver-

Melchior Freiherr von Diepenbrock war 1845 Erzbischof von Breslau geworden, nachdem er vorher in Regensburg kirchlich gewirkt hatte und für diese Verdienste von König Ludwig I. den Titel eines bayerischen Freiherrn verliehen bekam. Trotzdem sah sich der Erzbischof veranlasst, König Ludwig wegen seines moralischen Lebenswandels brieflich zu rügen.

Das Königspaar Therese und Ludwig

brechen machen könne, da es doch das fünfzigste sei, und da man deren 49 geduldet habe, ohne Etwas dagegen zu sagen.«

»Erotische Anregung in höchstem Grade« bei Lola

Ludwig I. schrieb seit seiner Jugend zahlreiche Gedichte, die erstmals 1829 in einer vierbändigen Ausgabe erschienen und heute als Musterbeispiel von Liebhaber-Poesie des Biedermeier gelten. Klenze wusste natürlich auch, wie er das seiner Gattin Königin Therese erklärte: »Er habe, sagte er, der Königin die ganze Sache in einer zweistundenlangen Unterredung mitgeteilt, habe ihr vorgestellt, wie er sie herzlich liebe, aber für seine Phantasie noch durchaus eine lebhaftere erotische Anregung poetischer Ergießungen haben müsse, als sie ihm eine 36-jährige Ehe und die Ereignisse der Kinderstube gewähren könnten. Er habe diese erotische Anregung nun bei Lola Montez im höchsten Grade gefunden, er sei seitdem wieder lebensfroh, milder, besser geworden.«

Ludwig und Lola in der königlichen Pornosammlung

Erotische Anregungen ganz anderer Art fand Ludwig zusammen mit seiner Lola in der königlichen Vasensammlung in der Residenz, über die Leo von Klenze nicht ohne »Erröten« zu berichten wusste: »Der Direktor der königlichen Gemäldegalerien Clemens von Zimmermann (1788–1869) erzählte mir, vor einiger Zeit habe er von dem Könige den Auftrag erhalten, der Dame Lola zu gestatten, dass sie sich in der Vasensammlung ein Seitenstück zu einer ihr schon früher geschenkten Vase aussuche. Als er zu diesem Grunde sich mit ihr in das Lokale der Sammlung verfügt habe, sei der König hinzugekommen und habe bald sowohl ihn als den Diener fortgeschickt, sich dann aber mit seiner Lola in eines der Gemächer begeben, woselbst in einem Schranke die Vasen verschlossen sind, welche obszöne Gegenstände darstellen. Man habe aber lauschend wahrgenommen, dass der König diesen Schrank geöffnet und seiner Geliebten eines nach dem anderen diese Vasenbilder vorgezeigt und dabei Gestikulationen gemacht habe. Als endlich beide mit erhitzten Gesichtern die Sammlung wieder verlassen, habe selbst der Diener an der ihm wohlbekannten, aber jetzt völlig gestörten Ordnung der Vasen noch einen deutlichen Beweis dessen, was geschehen, erhalten!« Nicht einmal Leo von Klenze durfte sich näher mit Ludwigs Porno-Vasen befassen, was ihn besonders ärgerte: »Mir war diese Mittheilung umso widerwärtiger, als ich wenige Zeit vorher im Namen des Archäologen Raoul-Rochette in Paris den König um die Erlaubnis gebeten hatte, einige dieser Gefäße für den Zweck der von ihm beabsichtigten Herausgabe eines rein wissenschaftlichen Werkes über die Pornographie der Alten zeichnen zu lassen, und mir dieses mit dem Bedeuten abgeschlagen worden: Nein! das darf nicht sein, Klenze, denn sonst würde man ja allgemein erfahren, dass solche Abscheulichkeiten in meinem Besitze sind!« Auch der Sprachenforscher Andreas Schmeller, Direktor der königlichen Bibliothek, wusste über die erotischen Anregungen der Lola zu berichten, in sein Tagebuch notierte er am 27. Mai 1847: »… dass sie in der Bibliothek war, um die sonst verschlossenen Erotica zu betrachten. Der König hatte eigenhändig befohlen, ihr alles zu geben, was sie verlangen würde«.

Die Lola-Montez-Revolution

Messerstecherei am Odeonsplatz

Die Revolution in Bayern begann für Lola Montez am 9. Februar 1848 mit einer Messerstecherei auf dem Odeonsplatz, in deren Verlauf Lola mit Dolch und Pistole bewaffnet von einer wütenden Menschenmenge verfolgt in die Theatinerkirche flüchtete. Lola Montez war fast immer bewaffnet: »Mit den gewöhnlich bei ihr geführten Waffen, Terzerol und Dolch, hat sie den Angriff auf ihre Person abzuwehren versucht«, heißt es in einem Bericht. Neben der obligatorischen Reitpeitsche, die sie meist drohend, aber auch schlagend gegen unliebsame Menschen einsetzte, besaß sie auch zwei Dolche, über die sich Ludwig bei einem Rendezvous in ihrem Palais einmal wunderte: »Als der König Lola besuchte, fielen dessen Augen beim zufälligen Öffnen eines Schrankes auf zwei Dolche. Neugierig fragte der König, ob diese auch zu ihrer Toilette gehören. Da nahm sie mit der ihr eigenen Anmuth in jede Hand einen der Dolche und sagte, liebenswürdigen Ernst simulierend: den einen für mich, den anderen für Dich, wenn Du mich verlässt«. Seit den Unruhen im Jahr 1848 trug sie auch ein »Terzerol« bei ihren Spaziergängen durch die Stadt mit sich. Ein Terzerol war eine kleine Vorderladerpistole, bei den Münchnern auch »Terzerölchen« genannt, weil sie so klein und eine typische Damenpistole war. Manche hatten auch einen abschraubbaren Lauf, damit man sie auch in der kleinsten Damenhandtasche verstauen konnte. Dem Angriff auf Lola vorausgegangen war eine größere Schlägerei von Studenten mit der lolatreuen Alemannen-Studentenschaft, von den Münchnern »Lolamannen« genannt, die im Rottmann'schen Kaffehaus am Odeonsplatz ihre Stammtische hatten. Der Lolamanne Graf von Hirschberg hatte dabei mit einem Messer auf einen ande-

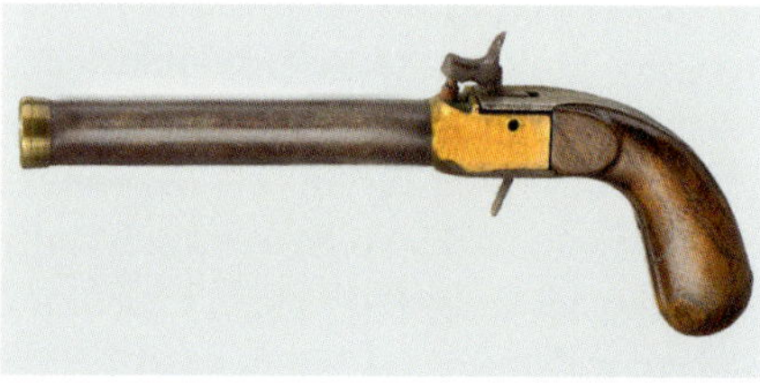

Terzerol, Baujahr 1840, eine Damenpistole, wie sie auch Lola Montez bei sich trug.

ren Studenten eingestochen und ihn schwer verletzt, war aber von der Polizei nicht festgenommen worden. Dies hatte die anderen Studenten so in Wut gebracht, dass sie das Kaffehaus belagerten und von der Erstürmung nur von der im Hofgarten stationierten Gendarmerie abgehalten werden konnten. Als Lola in ihrem Palais in der Barer Straße von den Unruhen am Odeonsplatz hörte, gab's für sie nur eins: Da muss ich hin! Aber gerade als sie aufbrechen wollte, stand die Königskutsche vor ihrer Türe: Ludwig ahnte Schlimmes und überredete sie, zuhause zu bleiben und das Palais nicht zu verlassen. Aber kaum war er weg, war auch Lola weg: Es war ja nicht weit hinüber zum Odeonsplatz und was dann geschah, liest sich in ihren Memoiren dann so: »Die Schwabingerstraße herab drängte sich jetzt ein großer Menschenschwarm. An der Spitze derselben war die Gräfin v. Landsfeld zu sehen, gehüllt in einen großen Schawl und auf dem Kopfe einen ganz einfachen blauen Hut. Zwei junge Männer gingen neben ihr und schienen sie, wie aus den höchst lebhaft geführten Debatten zu entnehmen war, vermögen zu wollen, von dem Platze ihres gewöhnlichen Spaziergangs in der Ludwigstraße zurück zu bleiben. Lola selbst schien jedoch den Mahnungen kein Gehör zu geben, sondern schritt geradeaus vor der Theatinerkirche vorüber. In diesem Augenblicke scheint sie von den umstehenden Volkshaufen erkannt worden zu sein.«

Mit Dolch und Pistole in die Theatinerkirche

»Von den Stufen der Feldherrnhalle aus war zu sehen, wie sie, dem Gedränge nachgebend, gegen das Graf-Arco-Gebäude mit ihrer Begleitung zurück wollte, dort aber keine Zufluchtsstätte fand und dann solche notgedrungen in der Theatinerkirche suchen wollte und musste. Man hörte jetzt gellendes Volksgeschrei. Mit den gewöhnlich bei ihr geführten Waffen, Terzerol und Dolch, hat sie den Angriff auf ihre Person abzuwehren versucht.« Die Leipziger Illustrierte Zeitung schrieb, dass Lola einem Passanten mit der Peitsche ins Gesicht geschlagen hatte, »dieser schlingt den Arm um ihren Hals, als wollte er sie erdrosseln, und lässt sie in dieser etwas bedenklichen Lage einige Augenblicke, während er ihr die Pistole aus der Hand schlägt«. Die Lage hatte sich dramatisch zugespitzt, eine solche Wut und Aggression gegen Lola Montez, die sich natürlich auch gegen den König richtete, hatte es vorher noch nicht gegeben. Stadtchronist Ernst von Destouches: »Am Morgen zeigte sich eine auffallende Bewegung in der Stadt, besonders lebhaft in der Ludwigstraße. Ohngefähr gegen 1 Uhr Mittag erschien Gräfin Landsfeld mit ein paar Begleitern zu Fuß in der Theatiner/Schwabingerstraße. Von der Menge erkannt, wurde sie von derselben umlagert, ausgezischt und verhöhnt, ja selbst körperlich misshandelt. Sie wollte sich in das Palais des preußischen Gesandten und nachher in das gräflich Arco'sche Palais flüchten, aber nirgends wurden ihr die Tore geöffnet. Nun eilte sie, von der Menge verfolgt, in Todesangst zurück und flüchtete in die Theatinerkirche, wo sie sich vor einem Seitenaltar auf die Knie warf und zu beten schien.« Inzwischen war auch die Gendarmerie angerückt und unter ihrem Schutz konnte sie sich schließlich an den rund 3000 Studenten vorbei in die Residenzwache flüchten.

Ludwig rächt Lola und schließt die Universität

Inzwischen war auch das Militär am Odeonsplatz eingetroffen und sicherte die Hauptwache und die Residenz, aus der König Ludwig I. zur Universität abgefahren war. »Nach der Universität angekommen gab er dem Rektor und den dort versammelten Professoren in größter Entrüstung seinen Unwillen über die Vorfälle der

Zeitgenössische Darstellung der Universität mit dem im Bau befindlichen Siegestor

letzten Tage kund.« Unter dem Druck dieser Studententumulte entschied sich der König zu einer radikalen Lösung: Schließung der Universität mit Beendigung des Studienjahres: »Es ist daher öffentlich in der Universität bekannt zu machen, dass bei den nächsten derartigen Exzessen die Universität bis zum Wintersemester 1848/9 geschlossen, und den sämtlichen Studenten dieses Jahr in ihrer Universitätslaufbahn (auch wenn selbe an anderen Universitäten wieder studieren sollen) nicht eingerechnet werden würde, mit Ausnahme jedoch jener ordentlichen Studenten, welche die Rädelsführer dieser fortgesetzten Exzesse zur Anzeige bringen.« Was sich noch wie eine Drohung anhört, setzte er noch am gleichen Tag in die Tat um und befahl am 9. Februar die Schließung der Universität: »Sogleich ist die Universität für dieses Semester geschlossen und jeder Student, der nicht von hier, hat München bis Übermorgen 12 Uhr Mittags zu verlassen.«

Massendemonstration gegen den Königsbefehl

In München waren damals rund 1500 Studenten eingeschrieben, bei deren vollständigem Wegfall der Stadt ein beträchtlicher finanzieller Schaden drohte: Gastwirte und Wohnungsvermieter mussten einen ziemlichen Umsatzverlust befürchten. Und so ist es kein Wunder, dass schon am Tag darauf, am 10. Februar, eine aufgebrachte Menge im Rathaus lautstark protestierte: »Ganz unvermutet versammelten sich gegen 2 Uhr weit mehr als tausend Bürger, darunter die angesehensten Männer der Bürgerschaft im großen Rathaussaale. Um 1 Uhr Mittag war schon der Magistrat und das Gemeinde-Kollegium in einer Sitzung ins Plenum des Rathauses versammelt. Von Minute zu Minute wuchs die Anzahl der Bürger. Vor dem Rathause selbst waren mehrere tausend Menschen versammelt«, wie der Stadtchronist Ernst von Destouches notierte. In einer Resolution wollten sie den König bitten, die Schließung der Universität wieder rückgängig zu machen.

2000 Münchner vom König abgewiesen

Bürgermeister Kaspar von Steinsdorf ging mit 2000 Münchnern daraufhin zur Residenz, der König zeigte sich angesichts dieser schweigenden Demonstration am Fenster, aber er dachte nicht dar-

Der Münchner Bürgermeister Kaspar von Steinsdorf führte eine Schweigedemonstration von ca. 2000 Münchnern an, die vom Rathaus zur Residenz zog, um dort König Ludwig I. eine Resolution zu übergeben mit der Bitte, die Schließung der Universität wieder rückgängig zu machen, da dadurch große wirtschaftliche Umsatzverluste zu befürchten waren.

an, diese Abordnung zu empfangen. »Die Herzogin von Leuchtenberg, der Prinz und die Prinzessin Luitpold warfen sich dem Könige zu Füßen, alle versammelten Minister baten, beschworen ihn, wenigstens den Ausspruch gegen die Studenten zu mildern – Alles blieb vergeblich«, wie Leo von Klenze sich erinnerte. Erst nach einer lautstarken Diskussion mit Prinzessin Augusta und seinem Sohn Luitpold gab er nach und empfing die Delegation, über die Bürgermeister Steinsdorf schrieb, dass ihn der König gleich beim Eintreten angefaucht hatte: »Kommt eine Deputation bittlich zu dem König mit 2000 Mann im Rücken?« Ludwig lehnte jedes Zugeständnis ab und drohte sogar, die Universität in eine andere Stadt zu verlegen. Und dann: »Es bleibt dabei, ich lasse mich nicht schrecken: man kann mir mein Leben nehmen, aber meinen Willen nicht. Meinen gefassten Entschluss werden Sie alsobald durch das Ministerium und schriftlich erhalten.« Derart abgefertigt und ratlos zog die Delegation mit den 2000 Münchnern wieder ab. Da half es auch nichts, dass Ludwig am Abend kleine Zugeständnisse machte, indem er die Universität schon im Sommer wieder öffnen wollte, »wenn bis dahin Münchens Einwohner sich zu meiner Zufriedenheit benehmen«.

»Ich habe nicht um mich, sondern um Dich Angst«

Ludwig schrieb am Abend noch einen Brief an Lola, weil er fürchtete, dass die Lage außer Kontrolle geraten könnte und riet ihr dringend, vorübergehend unauffällig München zu verlassen: »Ich habe gerade einen Brief von Berks erhalten, der mir von einer enormen Unruhe in der Stadt berichtet. Ohne die Ankunft einer Schwadron Kürassiere und ohne eine starke Polizei könnte es zu einem Anschlag auf dein Haus kommen. … Morgen wird es schlimm zugehen, schreibt er mir und dass es für Deine Gesundheit schlecht wäre dazubleiben. Ich bitte Dich inständig: Wenn Du mich je geliebt hast und mich jetzt noch liebst, dann fahre für einen Tag fort. Am besten wäre es, ohne ein Wort zu sagen, frühmorgens zum Starnberger See zu fahren – ohne etwas zu sagen, um es nochmals zu wiederholen. Wenn es Dir passt kannst Du mir vorher eine Zeit sagen, zu der ich kommen und Dich in Deinem Haus sehen kann. Du kannst am nächsten Tag zurückkommen. Besser Du fährst noch heute nacht weg. Du hast keine Furcht, du hast es mir bewiesen, auch gestern. Ich habe nicht um mich, sondern um Dich Angst. Wenn wegen Dir Blut vergossen wird, wird sich der Hass enorm steigern, und Deine Situation wird noch viel schlechter. Das muss vermieden werden. Du weißt, dass die Welt mich von Dir nicht trennen kann.«

König Ludwig I. in Uniform als Oberbefehlshaber des bayerischen Heeres, fotografiert von Franz Hanfstaengl

Kriegsminister verweigert Lola jeden Schutz

Lola aber blieb in München und am Morgen des 11. Februar strömten von allen Seiten nicht nur Studenten, sondern auch normale Bürger zum Palais der Lola Montez in der Barer Straße 7, sie wurden aber nur halbherzig von Polizei und Militär zurückgehalten. Kriegsminister General Heinrich von der Mark erklärte dem König, er werde sich lieber erschießen als Armeeeinheiten zur Verteidigung von Lola Montez gegen aufgebrachte Münchner einzusetzen. So vom Militär unter Druck gesetzt erklärte der König im Ministerrat, er werde Lola Montez zwar nicht ausweisen, aber dafür sorgen, dass sie München von sich aus verlässt. Staatsrat Franz von Berks wurde genauso deutlich, wie Klenze notierte: »Majestät, weil ich Ihr und der Gräfin Freund bin, rate ich zum Nachgeben, denn als wohl unterrichteter Chef der Polizei sage ich es, die allgemeine Empörung ist nun einmal so gestiegen, dass wenn bis 11 Uhr die Maßregel gegen die Universität nicht zurückgenommen und die Gräfin nicht abgereist ist, so sehen Eure Majestät vor 12 Uhr ihre Leiche hier vor ihren Fenstern an den Haaren vorbeischleifen!« Ludwig brüllte ihn an: »Was, was wagen sie mir da zu sagen?« und Berks wiederholte alles wörtlich. »Da rief der König nach dem Stadtkommandanten und verlangte eine kategorische Erklärung, ob er sich auf die Truppen verlassen könne.« »Für Eure Majestät wird Mann für Mann den letzten Tropfen Blut hingeben, für die Gräfin Landsfeld drückt kein Soldat das Gewehr los oder zieht den Säbel!«

Sturm auf das Palais der Lola Montez

Inzwischen war die Lage vor dem Palais in der Barer Straße außer Kontrolle geraten, wie Klenze schrieb: »Die ganze Stadt geriet in freudige Aufregung, und in dem Maße, wie sich das Gerücht von dem, was geschehen, ausbreitete, strömte alles der Strasse zu, in welcher diese Bordell-Gräfin wohnte und welche an beiden Enden gesperrt und von Kavallerie, Infanterie und Gendarmerie stark besetzt war. Diese Truppen aber verhinderten doch in keiner Art umgangen zu werden und so füllte sich die Straße bald mit Menschen, welche durch die Häuser, über Garten- und Hofmauern und Zäune in dieselbe gelangten.« Gegen 10 Uhr flogen die ersten Pflas-

Die Münchner stürmten am 11. Februar 1848 Lolas Palais, die unter Steinwürfen in der Kutsche fliehen konnte.

tersteine gegen ihr Haus, Fensterscheiben zerbrachen, was Lola nicht abhielt aus dem Haus zu gehen und ihnen entgegen zu schreien: »Wollt ihr mein Leben, da nehmt es!« Nachdem sie aber auch von Steinen getroffen wurde, rannte sie wieder ins Haus und wurde von ihrer Begleitung mit Gewalt in den bereitstehenden Wagen gerissen, obgleich sie sich löwenhaft dagegen wehrte. Sie schrieb in ihren Memoiren: »Der Kutscher war gewonnen, er peitschte die Pferde zur Wut schon im Stalle und dieser fuhr zur Ludwigstraße und dem Englischen Garten, dann wieder der Residenz zu, um in dieselbe von rückwärts zu kommen. Aber alle Zugänge waren besetzt, das Eindringen unmöglich. Verstärkte Wachen und Volk überall. Der Wagen mit dem kühnen Kutscher ward an allen Ecken und Enden erkannt, erkannt an allen Eingängen, erkannt hinter dem Hofbräuhause, überall gefahren wie der effektive Teufel selbst. So ging's durch die Herrenstraße, vors Isartor, im Momente des Flugs vors Sendlingertor und in die Sendlingerstraße hinaus.« Graf Arco-Valley fuhr ihr rastlos nach, ob die »Landescalamität« auch wirklich aus der Residenz getrieben sei.

Leo von Klenze war Augenzeuge der Flucht aus dem belagerten Barer-Straßen-Palais gewesen, er stand am Fenster eines gegen-

Lola Montez in wilder Jagd durch München auf der Flucht vor der wütenden Menschenmenge

überliegenden Hauses: »Plötzlich und nach gutberechnetem Fluchtplane sprangen die Hoftore auf, und im sausenden Galopp durchstürmten Pferde und Wagen die überrascht zurückweichende Menge und Lola entging der Strafe, welche ihr, wäre sie in die Hände des wutentbrannten Volkes gefallen, ohnzweifelhaft geworden wäre: im strengsten Sinne des Wortes, zerrissen zu werden. Ich war als Zuschauer dieser Szenen auf dem Balkon eines nahen Hauses und sah, bald nachdem der Wagen durch die zischende, pfeifende, fluchende und jubelnde Menge dahingeflogen war, den König, welcher den Ausgang der Sache in der Nähe der Pinakothek erwartet hatte, sich mitten durch die Menge drängen, um das Haus zu erreichen, gegen welches nun das Volk seine Wut zerstörend ausließ. Von vielen Offizieren bemerkt, bildeten diese mit ihren Degen und Säbeln eine schützende Erzpyramide über seinem Haupte, welche jedoch nicht hinderte, dass ein Pflasterstein die geheiligte Person des Monarchen erreichte! Laut rufend, »was macht ihr Leute! Das ist ja mein Haus, eures guten Königs Haus«, drang er in dasselbe noch zur rechten Zeit ein, um die völlige Zerstörung desselben zu verhindern, welche 5 Minuten später ohnzweifelhaft schon vollbracht gewesen wäre.«

Lolas Flucht nach Großhesselohe

Der Kutscher bei dieser rasenden Flucht aus München war Leutnant Theodor Weber, der die Sendlinger Landstraße hinaus das westliche Isarufer entlang hinaus Richtung Baierbrunn raste. In seinem Windschatten galoppierte Maximilian Graf Arco-Valley, der sich vergewisssern wollte, dass Lola Montez auch die Stadt verlässt. Als Lolas Kutsche in Baierbrunn halt machte, um die Pferde zu wechseln, glaubte Arco-Valley »das war's«, kehrte nach München zurück und meldete: »Lola ist weg«. Aber er kannte Lola doch nicht so gut: Sie drehte augenblicklich um und fuhr erst mal in den Gasthof Hesselohe, der heutigen »Waldwirtschaft«. Von dort schrieb sie an Ludwig ein paar Zeilen, die ein Kurier sofort in die Residenz bringen musste:

»Hesselohe, 11.2.1848

Mi querido LOUIS,

Sorge Dich nicht um mich. Ich bin in Großhesselohe mit dem guten Weber in bester Sicherheit. Bleib fest bei dem was Du gesagt hast – und ich hoffe, dass bald alles ruhig ist.

Deine sehr treue L.«

Maximilian Graf Arco-Valley, als bayerischer Reichsrat auf Lebenszeit Mitglied der ersten Kammer des bayerischen Landtages, ritt der fliehenden Lola Montez hinterher, um sich zu vergewissern, dass sie die Stadt tatsächlich verließ.

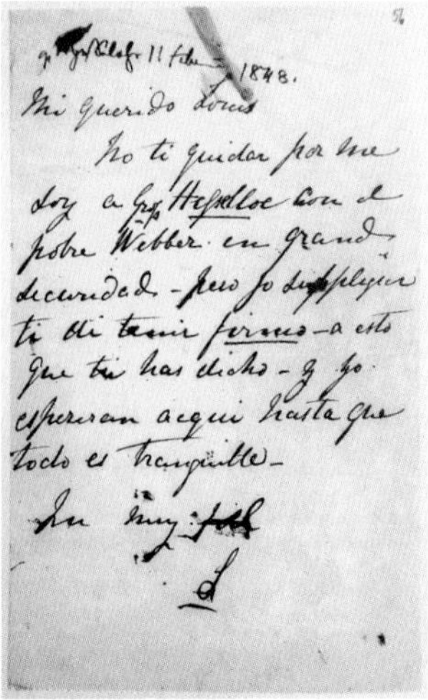

Im Gasthof Hesselohe schrieb Lola am 11. Februar 1848 in diesem Brief an Ludwig, dass sie hier »in bester Sicherheit« wäre. (Bayerische Staatsbibliothek)

Zur gleichen Zeit hatte Ludwig ihr ein paar Zeilen über die Erstürmung ihres Hauses geschrieben, nachdem sie schon mit der Kutsche davongebraust war:

»Mia muy querida Lolitta,

was ich getan habe, hat Dein Leben gerettet, und auf meine Gefahr hin habe ich Dein Haus gerettet. In der Hoffnung, Dich dort zu finden, ging ich dahin. Die Leute wollten mich aufhalten, aber Dein Ludwig lässt sich nicht aufhalten. Dein Haus war abgeschlossen, aber die Leute waren über den Hinterhof eingedrungen und warfen Steine auf die Fenster. Ein nicht direkt auf mich gezielter Stein traf meinen Arm. Es ist aber fast überhaupt nichts. Glaube mir es war sehr süß, für Dich zu leiden ...«

Universitätsöffnung: »Das einzige Mittel, Dein Leben zu retten«

Ludwig schrieb weiter: »Ich stand vor dem geschlossenen Tor Deines Hauses und ich wurde mit Säbeln unterstützt. ich sagte den Leuten, dass ich heute, ohne Tumult vor meinem Palast und ohne eine Deputation empfangen zu haben, Anweisung gegeben habe, die Universität wieder zu öffnen. Es war das einzige Mittel, Dein Leben zu retten. Jetzt sollen sie sich zurückziehen. Es wurde kein Stein mehr auf das Haus geworfen und viele riefen ›Vivat!‹ Danach

Nach ihrer Flucht aus München rettete sich Lola für eine Nacht in den Gasthof Hesselohe (oben), der heutigen Waldwirtschaft des Sepp Krätz (unten).

ging ich zur Vorderseite Deines Hauses, zur Straßenseite, und blieb bis alle weg waren. Ich selbst gab der Infanterie und den Kürassieren Befehl, die Straße zu säubern. Es dauerte nicht lange bis alle fort waren. Eine große Menge folgte mir. Es war ein Trost, Berks über Dich erzählen zu können. Ich weinte in meinem Zimmer, als ich allein mit ihm von Dir sprach. Ich erklärte meiner Frau, dass das Vorgefallene mich Dir noch näher bringen würde. Stanislaus brachte mir Deine Juwelen und Dein Geld und übergab es in meine

Schloss Blutenburg, rechts eine historische Ansicht

Obhut. Ich hoffe auch Dein Silber retten zu können. Lolitta, an die ich gekettet bin, ich wiederhole es, die Welt kann mich nicht mit Dir brechen lassen. Ich werde diesen Brief abschicken wenn ich weiß wo Du bist. Ich rate dir nach Lindau zu gehen, wohin ich Dir Geld für die Reise in die Schweiz senden werde. Mein Vorschlag ist Dich im April in Lausanne zu treffen, wo Du hingehen sollst. Aber sei vorsichtig und begib Dich nicht auf österreichisches Gebiet. Ich

küsse Deine Füße, Wie schade, dass ich Dich hier nicht gefunden habe.«

Lolas Lover Peißner wollte sich in Blutenburg »entleiben«

Kurz darauf bekam Ludwig Lolas Brief aus Großhesselohe und wusste ihren Aufenthaltsort. Am nächsten Tag fuhr er sofort hinaus, aber Lola war schon ausgeflogen, und vielleicht hatten sich

Zur rechten Abbildung: Das obere Bild zeigt, wie sich Lola vom Großhesseloher Wirt nachts nach Blutenburg fahren lässt. Im nächsten Bild begehren 10 Studenten der »Alemannen«, die Lolas Hund »Turk« mitgebracht haben, beim Blutenburger Wirt Speis und Nachtlager, Dort stürmt dann Lola in die Wirtsstube und fällt ihrem Geliebten Elias Peißner um den Hals. Dieser ziert sich aufgrund der Münchner Ereignisse, wird aber von Lola zunächst geohrfeigt und dann nachdrücklich darauf hingewiesen, dass sie ihn schließlich ständig unterstützen würde. Peißner stürmt hinaus, um sich zu »entleiben«, lässt sich schließlich von der bittenden Lola besänftigen. Wieder versöhnt, wollen beide noch in der Nacht nach München zurück, werden aber vom Wirt daran gehindert und begeben sich morgens gegen vier Uhr zur Ruhe, während der Blutenburg-Wirt selbst eiligst in München Meldung macht, um höheren Orts Verhaltens-Maßregeln einzuholen. Das untere Abschlussbild zeigt, wie die nach Blutenburg beorderte Polizei mit Kürassier-Begleitung Lola Montez zum Pasinger Bahnhof abführen, um sie dort in einen Zug nach Lindau an die bayerische Grenze verfrachten zu können.

ihre Wege auch gekreuzt: Als Mann verkleidet fuhr sie nämlich am 12. Februar nachmittags wieder zurück, versuchte zu Ludwig in die Residenz zu gelangen, was ihr aber verwehrt wurde. Jetzt ließ sie sich zum Schloss Blutenburg im Münchner Westen kutschieren, das ein beliebter Treffpunkt und das Stammlokal ihrer Alemannen war. Kurz vor Mitternacht kam sie an und traf tatsächlich auf ihre Beschützer, darunter auch Peißner, dem sie »wie eine liebende Gattin nach langer Trennung um den Hals fiel«. Und dann kam's zu einem richtigen »Ehekrach«: Lola beschwor ihren »regelmäßigen

Lola Montez trifft im Blutenburger Gasthof erwartungsgemäß auf ihren »regelmäßigen Beischläfer« Elias Peißner, mit dem sie dort das Bett teilt.

Illustrierte Aufbereitung der Geschehnisse von Blutenburg vom 12./13. Februar 1848 anhand des fiktiven romantischen Schauspiels »Das Nachtlager in Blutenburg«

Beischläfer« Peißner, mit ihr nach München zurückzukehren, der aber hatte offenbar die Schnauze voll: »geschreckt durch die Münchner Vorgänge« weigerte er sich, Lola nach München zu begleiten. Sie beschimpfte und ohrfeigte ihn, warf ihm vor, dass er sie nicht liebe. »Diese Vorwürfe schienen ihn außer sich zu bringen und mit der Drohung, sich entleiben zu wollen stürzte er hinaus.« Ihm folgte Lola Montez. Sie bat ihn zurückzukehren und endlich traten beide wieder versöhnt ins Zimmer. »Sie begab sich ungefähr 4 Uhr Morgens in Peißners Gesellschaft in das für sie in Bereitschaft gesetzte Schlafkabinett, woselbst beide bis 8 Uhr früh blieben«, wie sie in ihren Memoiren schrieb.

Unter Polizeiaufsicht nach Lindau abgeschoben

Kaum lag Lola mit Peißner im Bett, schwang sich der Blutenburg-Wirt und G'schaftelhuber Joseph Schäfer, ein ausgemachter Lola-Gegner, in seine Kutsche. Obwohl ihre Lolamannen bei ihm Stammgäste waren und er mit ihnen gut verdiente, raste Schäfer im Morgengrauen nach München, um Lola beim Minister Franz von Berks zu verpetzen. Der hatte aber auch inzwischen die Schnauze voll und schickte den Verräter weiter, weil er glaubte, der König

Der Kronobersthofmeister Ludwig Ernst Fürst zu Oettingen-Wallerstein war am 1. Dezember 1847 anlässlich erneuter Regierungskrisen von König Ludwig I. mit der Bildung einer neuen Regierung beauftragt worden. An ihn wandte sich der Wirt des Blutenburger Gasthofes mit der Meldung, dass sich die gesuchte Lola Montez in seiner Herberge befinde. Sofort leitete Fürst Oettingen umfangreiche Festnahme- und Abschiebemaßnahmen ein.

werfe ihr halt noch ein bisschen Geld hinterher: »Die Gräfin v. Landsfeld warte nur auf ihre Effekten.« Schäfer gab aber nicht auf und fuhr ins Ministerium von Fürst Oettingen-Wallerstein, der die unglaubliche Staatsgefährdung sofort erkannte, die Gendarmerie in Alarmstufe Rot versetzte und sofort nach Blutenburg beorderte, um Lola aus welchem Bett auch immer zu holen. Das war aber keine gute Idee, denn Lola zerriss vor den Augen der Gendarmerie den Haftbefehl, richtete ihr Terzerölchen auf die Eindringlinge und warf sie aus ihrem Schlafzimmer. Nachdem aber uniformierte Verstärkung eingetroffen war, ließ sie sich von den Beamten in Begleitung ihrer Beischläfer Elias Peißner, Ludwig Leibinger und Jacob Härtreiß in einer Kutsche zum Bahnhof in Pasing und mit dem Zug nach Lindau bringen. Am 13. Februar erreichte sie Lindau, blieb dort im Gasthaus zur Krone bis zum 24. Februar und traf am 27. Februar in Bern ein.

Als Mann verkleidet nach München und unterm Sofa verhaftet

Wer glaubte, Lola wäre endlich weg und jetzt kehre wieder Ruhe in München ein, der hatte sich getäuscht: Die politischen Forderungen an den König blieben bestehen und am 4. März 1848 stürmen Demonstranten das Zeughaus (heute Stadtmuseum) und zogen mit den dort erbeuteten Waffen zur Residenz, wo sie sich erst von Ludwigs jüngerem Bruder Karl beruhigen ließen. In seiner »Märzproklamation« machte er den liberalen Kräften zwar erhebliche Zugeständnisse, aber die revolutionäre Stimmung blieb bestehen und viele hatten wegen der Lola-Affäre jeden Respekt von Ludwig I. verloren. Und dann tauchte Lola Montez wie aus dem Nichts wieder in München auf: Als Mann verkleidet mit angeklebtem Bart fuhr sie in strengstem Inkognito in einer Kutsche mit ihrem derzeitigem Lover Baron Georges Meller-Zakomelsky am 8. März von Bern nach München. Die Nachrichten aus München waren alles andere als beruhigend: Wenn ihr Geldgeber König Ludwig I. in Gefahr war, wäre auch ihr Geldsegen in Gefahr. Und wenns um's Geld ging, war Lola jedes Mittel recht, drum wollte sie die Sache an Ort und Stelle einmal selbst in Augenschein nehmen. Nach ihrer Inkognito-Ankunft am 9. März 1848 versteckte sie sich in der Wohnung ihrer alten Freundin Caroline Wegner in der Wurzerstraße. Dummerweise wurde der seltsame Besuch aber von einem Nachbarn beobachtet, dem der in hoher Stimme französisch sprechende Mann spanisch vorkam und die Polizei informierte. Die rückte an und fand bei der Hausdurchsuchung »die Gräfin unter einem Sofa versteckt«. Auf dem Polizeipräsidium wurde schnell klar, welcher dicke Fisch hier ins Netz gegangen ist: Lola Montez. Polizeidirektor Xaver Merk forderte Anweisungen von ganz oben an und ließ um 5.00 Uhr früh den König wecken, der sofort anrollte und seine Lola in der Arrestzelle des Polizeipräsidiums endlich wieder in die Arme schließen konnte. Lola überschüttet ihn wie in alten Zeiten sofort mit Geldforderungen und sie vereinbarten ein baldiges Treffen in Lausanne. Im Morgengrauen schleuste er sie fast unbemerkt aus der Stadt und schickte sie zurück in die Schweiz. Der Vesuv war noch einmal ausgebrochen und voll entflammt schrieb er ihr: »Wie süß war es, Dich wiederzusehen, Lolitta, meine Lolitta, ohnegleichen Millionen Küsse von Deinem treuen Luis«.

»Schau nicht um, die Lola geht rum!«

Lola war zwar schon wieder auf dem Weg in die Schweiz, aber da ihr Blitzbesuch doch nicht so ganz geheim ablief, rasten die Gerüchte durch München: Wenn sie noch hier ist, muss sie sich ja irgendwo verstecken: »Schau nicht um, die Lola geht rum!«, hieß es in der Satirezeitschrift »Münchner Punsch«. Da sie im Schloss Fürstenried gesehen worden sein sollte, versuchte eine aufgebrachte Menschenmenge die Anlage zu stürmen, aber Fehlalarm: Man hätte sie in einem Schlößchen in Haidhausen entdeckt – auch falsch: Dafür soll sie sich im Atelier eines Kunstmalers in Berg am Laim aufhalten, genauso falsch wie die Meldung, dass sie oben in der Kuppel der Theatinerkirche aus einer Dachluke geschaut haben soll!

Polizeidirektion verwüstet: »Fort mit dem Huren-König!«

Sogar das Polizeipräsidium wurde gestürmt, weil man glaubte, sie wäre festgenommen worden. Leo von Klenze beschreibt die aufgeheizte Stimmung, in der die Münchner Jagd auf Lola machten: »Am 16. begab sich eine Deputation der Bürger zu dem Polizeidirektor, um endlich von ihm Aufschluss über den Ort zu erhalten, wo Lola versteckt sei; er gab aber ungeschickterweise die Antwort, das verbiete ihm die Dienstpflicht zu beantworten, denn es sei ein Staatsgeheimnis. Da rottete sich am Abend das Volk zusammen, verwüstete das Polizeigebäude außen und innen und ward nur durch das nach Schlagen des Generalmarsches herbeieilende Militär verhindert, daselbe ganz zu demolieren. Der Lärm und das Geschrei: »Fort mit der Hure!« und »Fort mit dem Huren-König« war betäubend und legte sich erst gegen 2 Uhr in der Nacht, nachdem Kanonen, Kavallerie, Infanterie, National Garde und das Studentenfreicorps, welches, etwa 1200 Mann stark, in Bewegung gesetzt worden war.«

Die »Märzforderungen« der Bürger

Die »Märzforderungen« wurden nicht nur in Bayern, sondern im gesamten Deutschen Bund während der Märzrevolution 1848 an die Herrschenden gestellt. Im wesentlichen ging es um die vollständige Abschaffung der Zensur, Einrichtung von Geschworenengerichten nach englischem Vorbild, Vereidigung des Heeres auf die Verfassung und nicht auf den König, Änderung der Landtagswahlordnung und Reform des Polizeigesetzes. Allgemein forderte man eine Erweiterung der bürgerlichen Rechte und eine Konstitutionalisierug der Monarchie. Im Münchner Rathaus lagen am 3. März 1848 die Forderungen in einer Unterschriftenliste aus. Innerhalb weniger Stunden waren über 20.000 Unterschriften gesammelt: »Bürger und Adelige, Künstler und Gelehrte wie Advokaten und Staatsdiener beteiligten sich daran«, wie Stadtchronist Ernst von Destouches schrieb. Auch Reichsrat Karl Fürst zu Leiningen (1804–1856) war darunter, der dem König empfahl, die Unterschriftenliste der Bürger entgegenzunehmen, die vom Magistrat zum König in die Residenz gebracht worden war. Ludwig fürchtete einen Militärputsch, seit ihm sein Kriegsminister Heinrich von der Mark (1784–1865) offenbarte, er könne sich »nicht mehr für die Armee verbürgen«, und wenn der König nicht auf die Märzforderungen einwillige, werde er sich eine Kugel in den Kopf schießen. Karl Theodor von Wrede (1797–1871), der Sohn von Feldmarschall Carl Philipp von Wrede, dessen Denkmal in der Feldherrnhalle steht, forderte den König auf: »sogleich Truppen kommen zu

In seiner Eigenschaft als Mitglied der Kammer der Bayerischen Reichsräte drängte Karl Theodor von Wrede auf den Einsatz von Truppen zur Niederschlagung der Aufständischen.

lassen und die Garnison ernsthaft zu verstärken. Wenn heute abends die Truppen nicht ernstlich Gebrauch von ihren Waffen machen ist alles zu fürchten. Jeder Aufruhrversuch muss augenblicklich auf das schärfste und blutigste unterdrückt werden.« Auch im Rathaus waren die blutigen Pläne von Wrede bekannt. Und während man am 4. März im Rathaus eine neue Resolution an den König beriet, kam aus der Residenz die Nachricht: »Der König will von den Bürgern nichts mehr wissen«. Um 14 Uhr kam die Nachricht, dass der Kriegsminister die Landwehr mobilisiert habe, um den Aufstand blutig niederzuschlagen.

Sturm auf das Zeughaus

Um diesem Militärschlag des Fürsten Wrede zuvorzukommen, stürmten die Münchner am 4. März 1848 die städtische Waffenkammer, das »Zeughaus«, in dem heute das Münchner Stadtmuseum untergebracht ist. Der Stadtchronist Ernst von Destouches schrieb: »Mehr als 2000 Menschen aus allen Schichten der Bewohner Münchens eilten nach dem bürgerlichen Zeughause am Anger. Die Militärabteilung vor demselben musste der anströmenden Menge alsbald weichen, das Zeughaus wurde ohne Blutvergießen erstürmt, die Waffen aller Gattungen aus den Fenstern dem Volke zugeworfen und rasch wurden zwei bis dreitausend Menschen aus

Sich überschlagende Meldungen führten am Nachmittag des 4. März 1848 zum Sturm auf das städtische Zeughaus.

Prinz Karl, der jüngere Bruder Ludwigs I., stellt sich den mit erbeuteten Waffen aus dem gestürmten Münchner Zeughaus ausgestatteten Demonstranten und es gelingt ihm, sie mit Zugeständnissen zu stoppen.

allen Ständen in der buntesten Weise bewaffnet. Auch einige Trommeln und Bürgerfahnen wurden genommen und unter dumpfem Trommelschlag der abgespannten alten Trommeln und Voraustragung der zerfetzten bayerischen alten Bürgerfahnen zog die bewaffnete Schar unter Jubel durch die Stadt nach dem Promenade- und Maximiliansplatz.« Auf dem Promenadeplatz vor dem Hotel Bayerischer Hof kam ihnen hoch zu Ross der jüngere Bruder von König Ludwig I., Feldmarschall Prinz Karl von Bayern (1795–1875) entgegen und gab auch im Namen des Königs sein »fürstliches Ehrenwort«, dass die Ständeversammlung am 16. Mai einberufen werde, um die Märzforderungen zu beraten. Der Spuk einer blutigen Schlacht war vorbei, die Münchner legten die Waffen nieder und brachten sie wieder zurück ins Zeughaus. Jetzt war für den bayerischen Staatsmann Ludwig Fürst von Oettingen-Wallerstein (1791–1870) die Stunde gekommen, und er verfasste im Namen des Königs eine Proklamation vom 6. März 1848, mit der noch vor allen anderen Staaten Bayern die Märzforderungen anerkannte. Sie wurde am 6. März um 11.00 Uhr auf dem Rathausbalkon von Ministerialrat Daxenberger verlesen und darauf an allen Straßenecken angeschlagen.

»Der König ist vollständig aller Achtung und Autorität bei seinem Volke entblößt«

Das war die Lage am Sonntag, 19. März 1848: Der neue Innenminister Thon-Dittmer hatte inzwischen Lola Montez zur Fahndung ausgeschrieben und ihr das bayerische Bürgerrecht entzogen, das ihr der König per Dekret gegen den Willen des Münchner Magistrats und der bayrischen Minister verliehen hatte. Damit war auch die Voraussetzung für das Führen des Titels »Gräfin von Landsfeld« für Lola Montez erloschen, die sich der König mit der auf Amigo-Art eingehandelten Unterschrift von Außenminister Georg von Maurer gesichert hatte. König Ludwig I. schäumte vor Wut: »Ohne meine Kenntnis haben Dich die Leiter der Ministerien für vogelfrei erklärt. Ich habe Dir nicht die Staatsbürgerschaft genommen«, schrieb er an Lola am 19. März. Jetzt musste er auch noch die in einem Wutanfall über die Lola-Ausschreitungen verfügte Schließung der Universität wieder zurücknehmen, obwohl er über

Der neu ernannte Innenminister Gottlieb Thon-Dittmer hatte Lola Montez zur Fahndung ausgeschrieben und ihr das bayerische Bürgerrecht entzogen.

2000 Münchner bei der Übergabe einer Resolution angeraunzt und fortgeschickt hatte: »Man kann mir mein Leben nehmen, aber meinen Willen nicht.« Jetzt schrieb er an Lola: »Ich habe Anweisung gegeben, die Universität wieder zu öffnen. Es war das einzige Mittel, Dein Leben zu retten.« Von einem Steinwurf bei der Erstürmung von Lolas Palais getroffen, hatte er tatenlos zusehen müssen, wie seine Lola aus München vertrieben wurde. Nach der Erstürmung des Zeughauses musste er der Bevölkerung sämtliche Zugeständnisse ihrer »Märzforderungen« einräumen, die er vorher kategorisch mit den Worten »Der König will von den Bürgern nichts mehr wissen« abgelehnt hatte. König Ludwigs Autorität und Ansehen in der Bevölkerung war auf dem tiefsten Stand seiner Regentschaft, und der preußische Gesandte Graf Bernstorff schrieb in einem offiziellen Bericht nach Berlin, dass König Ludwig I. in der bayerischen Bevölkerung jedes Vertrauen verspielt hätte und über keinerlei Autorität mehr verfüge. Lola Montez hätte ihn offensichtlich in den Wahnsinn getrieben, und es wäre nur noch eine Frage der Zeit, wann er vom Thron stürze. Engste Vertraute hätten keinerlei Einfluss auf ihn und es hätte den Anschein, als würde er in einer Traumwelt leben, in der sein einziges Streben danach gerichtet wäre, sich wieder mit Lola Montez vereinen zu können. Und zum Herzog von Leuchtenberg meinte Ludwig, dass das Verhältnis zu Lola für ihn »eine Sache der Ehre ist, ich will es, und sollte mein ganzes Reich in Blut und Flammen aufgehen; ich will es, und sollte es mir die Krone und das Leben kosten«.

Ludwig legt die Krone nieder, um den Rest des Lebens mit Lola zu verbringen

Die Revolution war in Bayern unblutig verlaufen, der König hatte allen wesentlichen Forderungen der Bevölkerung zugestimmt, niemand im Königreich Bayern hatte gefordert: »Der König muss weg!« und trotzdem legte Ludwig I. am 19. März 1848 die Krone nieder und verzichtete zugunsten seines Sohnes Maximilian auf den Thron. Als die Plakate mit der Proklamation seiner Abdankung angeschlagen wurden, war die Bevölkerung erschüttert und tief betroffen, niemand hatte dies erwartet. Ludwig wusste schon, warum er ohne Vorwarnung auf den Thron verzichtete und schrieb an Lola am 27. März: »Mir schien, wenn die Leute zuvor von meiner

Nach der Abdankung König Ludwigs I. am 20. März 1848 übernahm noch am gleichen Tag dessen ältester Sohn als Maximilian II. seine Nachfolge. Er gewährte umgehend eine Verfassungsreform, der bereits sein Vater zugestimmt hatte.

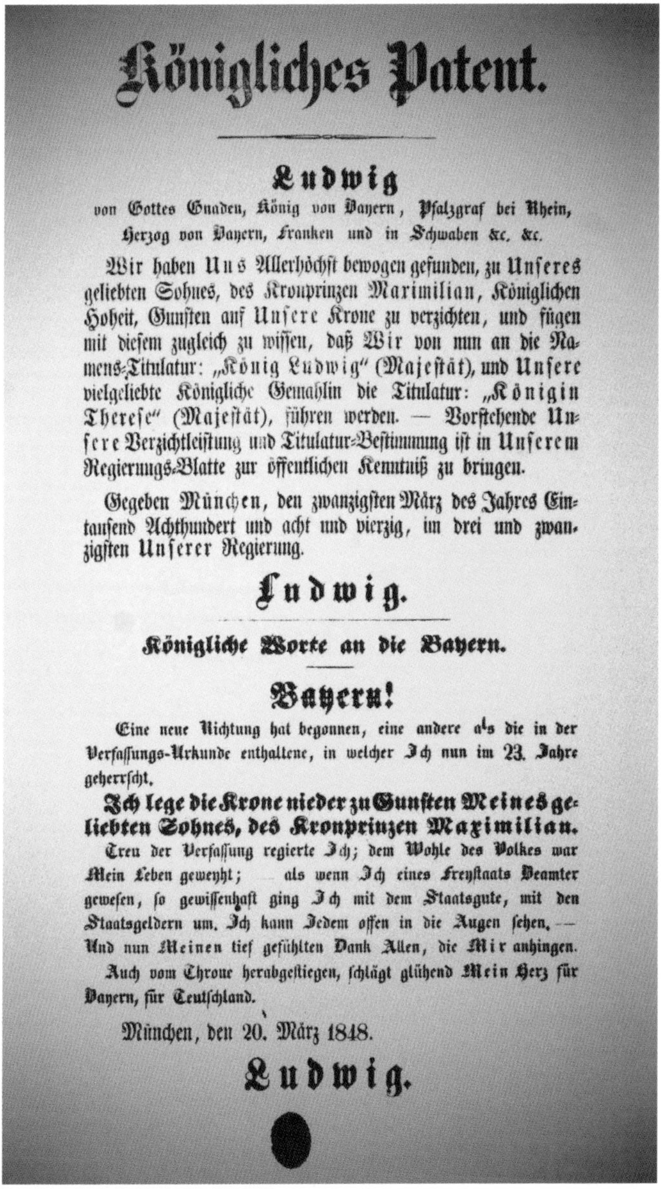

Königliches Patent.

Ludwig

von Gottes Gnaden, König von Bayern, Pfalzgraf bei Rhein,
Herzog von Bayern, Franken und in Schwaben &c. &c.

Wir haben Uns Allerhöchst bewogen gefunden, zu Unseres geliebten Sohnes, des Kronprinzen Maximilian, Königlichen Hoheit, Gunsten auf Unsere Krone zu verzichten, und fügen mit diesem zugleich zu wissen, daß Wir von nun an die Namens-Titulatur: „König Ludwig" (Majestät), und Unsere vielgeliebte Königliche Gemahlin die Titulatur: „Königin Therese" (Majestät), führen werden. — Vorstehende Unsere Verzichtleistung und Titulatur-Bestimmung ist in Unserem Regierungs-Blatte zur öffentlichen Kenntniß zu bringen.

Gegeben München, den zwanzigsten März des Jahres Eintausend Achthundert und acht und vierzig, im drei und zwanzigsten Unserer Regierung.

Ludwig.

Königliche Worte an die Bayern.

Bayern!

Eine neue Richtung hat begonnen, eine andere als die in der Verfassungs-Urkunde enthaltene, in welcher Ich nun im 23. Jahre geherrscht.

Ich lege die Krone nieder zu Gunsten Meines geliebten Sohnes, des Kronprinzen Maximilian.

Treu der Verfassung regierte Ich; dem Wohle des Volkes war Mein Leben geweyht; als wenn Ich eines Freystaats Beamter gewesen, so gewissenhaft ging Ich mit dem Staatsgute, mit den Staatsgeldern um. Ich kann Jedem offen in die Augen sehen. — Und nun Meinen tief gefühlten Dank Allen, die Mir anhingen.

Auch vom Throne herabgestiegen, schlägt glühend Mein Herz für Bayern, für Teutschland.

München, den 20. März 1848.

Ludwig.

Abdankungsurkunde König Ludwigs I. vom 20. März 1848

Absicht gewusst hätten, hätte es einen neuen Aufstand gegeben, um mich zum Behalten der Krone zu zwingen, um mich zum Sklaven zu machen. Ich wäre unglücklich gewesen, weil es dann nicht mehr möglich gewesen wäre, irgendeine Zeit mit meiner querida Lolitta zu verbringen ...« So schrieb er in der Stunde seiner Abdankung an Lola: »Muy querida Lolitta, in dieser Stunde habe ich abgedankt, freiwillig, ohne dass es jemand vorgeschlagen hätte«, und plante sofort ein Treffen mit ihr in der Schweiz: »Mein Plan ist, Mitte April zu Dir nach Vevey zu kommen um dort in Deine Arme zu fallen und einige Zeit mit Dir zu leben.« Auch glaubte er, dass seine Familie jetzt ein Treffen mit Lola nicht verhindern könnte: »Mein Sohn, der König, kann mir unter den Bedingungen meiner Abdankungs-Urkunde nicht verbieten, zu reisen.« Der Hauptgrund seiner Abdankung war daher eindeutig, wieder mit Lola Montez vereint zu sein: »Ohne meine Abdankung weiß ich nicht, wann ich mit Dir, meine geliebte Lolitta, hätte sein können.« Dass Lola und Ludwig schon weit vorher diesen Schachzug besprochen hatten, geht aus dem nächsten Brief vom 22. März hervor: »Ich habe die Krone niedergelegt, aber Lola habe ich nicht verlassen können. Deine letzte Konversation hatte einen großen Einfluss auf meine Entscheidung abzudanken.«

Lola gibt die bayerische Staatsbürgerschaft zurück

Um die letzten Anfeindungen zu beseitigen, löste König Ludwig I. auch das Problem mit Lolas Staatsbürgerschaft, wenn auch auf seine Weise: »Um eine neue Revolution, ein Blutbad zu vermeiden, wurde ich Samstag nachmittag gezwungen, zu erklären, dass Du die Staatsbürgerschaft nicht mehr länger hättest. Sie wollten, dass ich Dir die Staatsbürgerschaft nehme, was ich ablehnte. Ich sagte nur, dass Du sie nicht mehr besitzen würdest. Aus den Motiven, die ich Dir genannt habe, um eine blutige Revolution zu vermeiden, hättest Du sicher auch auf sie verzichtet.« Und Lola kam ihm entgegen, indem sie von sich aus die Staatsbürgerschaft zurückgab, und schrieb ihm am 23. März: »Um Gerüchten zuvor zu kommen, will ich selbst eine Anzeige in die Zeitung setzen, dass ich auf das Bayerische Indigenat verzichten will. Ich werde Dir einen Brief für den König schicken, um Dich von aller Schande und auch für den

Bekanntmachung.

I.

Wir von Gottes Gnaden König von Bayern ꝛc. ꝛc. finden Uns zu der Erklärung bewogen, daß die Gräfin von Landsfeld das bayerische Indigenat zu besitzen aufgehört hat.

München, den 17. März 1848.

Ludwig.

Graf von Waldkirch,
Staatsrath.

II.

Seine Majestät der König haben den Polizei-Direktor Mark seiner Stelle zu entheben, und an solche den königlichen Landrichter v. Pechmann wieder zu ernennen geruht.

An den Letzteren ist sofort Estaffette mit der Anforderung abgegangen, seinen Posten alsbald anzutreten.

Der kgl. Polizei-Ober-Commissär Frhr. v. Lindenfels wird inzwischen die Leitung der Geschäfte übernehmen.

München, den 17. März 1848.

Ludwig.

Frhr. von Thon-Dittmer,
Staatsrath.

III.

In Anbetracht, daß die Gräfin von Landsfeld, welche laut Allerhöchster Entschließung Seiner Majestät des Königs vom heutigen aufgehört hat, das bayerische Indigenat zu besitzen, ihre Versuche nicht aufgiebt die Ruhe der Hauptstadt und des ganzen Landes zu stören, sind unterm heutigen alle Gerichts- und Polizeibehörden des Königreichs angewiesen worden, auf besagte Gräfin zu fahnden, sie überall, wo man sie finden mag, zu Haft zu bringen, und auf die nächste Festung zu verschaffen, um sie sofort der richterlichen Untersuchung zu überweisen.

München, den 17. März 1848.

Justiz-Ministerium und Ministerium des Innern.

von Beisler, Staatsrath. — Frhr. v. Thon-Dittmer, Staatsrath.

Solches wird hiemit zur allgemeinen Kenntniß gebracht.

München, am 17. März 1848.

Der
Magistrat der k. Haupt- und Residenzstadt München.

v. Steinsdorf, Bürgermeister.

Lachmayr, Sekretär.

Haftbefehl für Lola Montez und Entzug des Indigenats, des Bürgerrechts.

Akt selbst freizusprechen.« Am 24. März: »Gestern habe ich das Indigenat abgeschickt. Ich bin mit großem Vergnügen bereit, alles für Dich zu opfern, nicht nur meine Staatsbürgerschaft, alles für Deinen Frieden und Dein Glück.«

»Oh Ludwig, Ludwig, wie hast Du mich betrogen!«

Mitten in Ludwigs Abdankungs-Katastrophe platzte aus heiterem Himmel Lola einen Tag vor seinem Thronverzicht mit einem bühnenreifen Eifersuchtsdrama, auf dessen Höhepunkt sie mit König Ludwig I. Schluss machte: »Adios! Mögest Du eine andere Lolitta finden!« Über die Gründe dieses Eifersuchtsanfalls kann man nur spekulieren. Vordergründig fürchtete sie natürlich, dass der königliche Geldsegen versiegen könnte und forderte Ludwig noch einmal heraus, sich zu ihr zu bekennen, andererseits sehen die Eifersuchtsbriefe mehr nach gewaltigen Nebelkerzen aus, um ihre wahren Absichten zu verschleiern, von denen der König überhaupt keine Ahnung hatte und erst Monate später davon erfuhr. Lola machte ihm erst einmal heftige Vorwürfe, dass er sie mit der Schauspielerin Maria Denker betrüge und ihr sogar Lolas Palais in der Barer Straße schenken möchte: »Deine Liaison mit Denker, eine Frau ohne Schönheit und Geist, die nicht mehr als eine ordinäre Schauspielerin ist, verursacht hier wie sonst wo große Überraschung. Dein Verhalten scheint mir sehr eigenartig und herzlos. Einige Zeitungen schreiben über Dich und Deine neue Liebe, die nichts für Dich geopfert hat. Ich bin vor allem über Dein Verhalten betrübt. Die Enttäuschung, allen mir gewohnten Luxus verloren zu haben, war weniger als zu sehen, was in den Zeitungen über Dein Verhalten steht. Oh Ludwig, Ludwig, wie hast Du mich betrogen! Du bist wirklich sehr schwach, jetzt ist es klar. Adios, später wirst Du Deinen Irrtum erkennen. Du hast mich für immer unglücklich gemacht.« Und am 18. März: »Jeder ist über das, was in München passiert ist, empört und darüber überrascht, dass, nachdem ich so viel für Dich gelitten habe, Du mich so schnell vergessen hast. Gestern kam ein Kaufmann aus München zu mir und erzählte mir alles über Deine Protektion für eine Person, die auf schlimmste Weise von mir, ihrer Wohltäterin, spricht, und dass sie sagt, dass Du ihr Barerstraße 7 geben würdest und alles von mir ihr gehören würde.

Welche Dankbarkeit für ein Dir geopfertes Leben!!! Mögest Du eine andere Lolitta finden. Ich weiß nicht, ob Du noch weitere Nachrichten von mir willst. Wenn Du willst, bin ich heute bereit, in diesem Augenblick, Dir alles zurückzugeben, was Du mir je gegeben hast, weil ich jetzt sehe, dass Deine Liebe zu mir wirklich zu Ende ist. Adios, mögest Du glücklicher sein als Deine Lolitta.«

Lolas geheime Heiratspläne mit Elias Peißner

Lola war zu diesem Zeitpunkt aber nicht mehr in der Schweiz, sondern in Frankfurt, was Ludwig erst einen Tag nach seiner Abdankung erfuhr, und erst ein Jahr später eröffnete sich ihm der wahre Grund über Lolas Aufenthalt in Frankfurt: Lola hatte sich im »Hotel des Paris« in Frankfurt mit Elias Peißner getroffen, um mit ihm Heiratspläne zu schmieden! Hätte Ludwig den wahren Grund ihres Frankfurt-Aufenthalts gewusst, so kann darüber spekuliert werden, ob er drei Tage später tatsächlich die Krone niedergelegt hätte.

Eifersuchtsdrama um Maria Denker, »einer Frau ohne Schönheit und Geist, die nicht mehr als eine ordinäre Schauspielering ist«, wie Lola Montez sie bezeichnete und Ludwig sogar unterstellte, er würde ihr Lolas Palais in der Barer Straße schenken.

»Ich habe auf die Krone verzichten können, aber nicht auf meine geliebte Lolitta«

Erst am 20. März, einen Tag nach seiner Abdankung, erfuhr Ludwig Lolas neuen Aufenthaltsort Frankfurt und schrieb ihr völlig ahnungslos darüber, dass Lola längst wieder mit Peißner im Bett lag: »Ich habe auf die Krone verzichten können, aber nicht auf meine geliebte Lolitta. Ich habe gestern Deinen Brief vom 16. aus Frankfurt erhalten. Der ist voller Eifersucht – über die Denker!!! Das gefällt mir gar nicht, ich spüre gar nichts für sie. Ich bin Dir immer treu!! Mein Plan ist, Mitte April zu Dir nach Vevey zu kommen. Sag mir ganz genau, wo Du sein wirst, damit ich nicht gezwungen bin, die Zeit zu verbringen, um Dich zu suchen. Ich werde etwa einen Monat mit Dir verbringen, glücklich mit Deiner Liebe. Ohne meine Abdankung weiß ich nicht, wann ich mit Dir, meine geliebte Lolitta, hätte sein können.« Als abgedankter König, als Privatmann, glaubte Ludwig Lola in der Schweiz treffen zu können, plante aber vorsichtshalber inkognito zu reisen: »In weniger als drei Wochen werde ich in Deinen Armen sein. Ich werde spätestens am 16. April dort sein. Wenn ich auf dem Weg bin schreibe mir unter ›Graf Ludwig von Spessart‹ postlagernd.«

König Max II. verweigerte seinem Vater Ludwig I. den Reisepass

Doch der streng geheime Reiseplan des »Graf von Spessart« blieb nicht lange geheim und »setzte alle, die es mit dem König gut meinten in Schrecken«, wie Klenze schrieb. Heinrich von der Tann (1784–1848), ein enger Vertrauter des Königs, beschwor ihn mit aller Gewalt jetzt nicht zu verreisen: »In Zeiten, wo sich ganz Europa feindlich gegen die Throne wälze, und dadurch nicht allein seinen Sohn in die schlimmste Lage setze, sondern auch sich selbst für alle Zeiten ein Zurückkehren nach Bayern und nach München unmöglich mache – aber alles blieb vergeblich und die Reise beschlossen.« Doch König Ludwig I. hatte die Reise-Rechnung ohne seinen Sohn, König Maximilian II. gemacht, wie Klenze erfuhr: »Noch am Morgen vor dem Tage der Abreise sagte mir der König, ich solle um 2 Uhr zu ihm kommen, um noch einige Geschäfte zu ordnen. Als ich kam, hieß es, er sei nicht zuhause und die Abreise sei aufgeschoben.« Das war aber nur die halbe Wahrheit, denn sein Sohn habe, »wie er sagte, zum ersten Male seine Pflicht gegen seinen ersten und verehrtesten Untertan geltend machen müssen« und seinem Vater König Ludwig I. den Reisepass verweigert!

Über Berchtesgaden zu Lola in die Schweiz?

Im August 1848 hatte Ludwig I. einen neuen Plan um in Lolas Arme zu fallen: Er machte einen unverdächtigen Urlaub in seiner Königlichen Villa in Berchtesgaden, ein Jagdschloss seines Vaters König Maximilian I. Von dort aus glaubte er Lola in Malans im Schweizer Kanton Graubünden endlich wieder treffen zu können. Am 13. August ist er in Gedanken schon bei ihr und schreibt: »In meinen Gedanken nehme ich schon Deine Füße in den Mund, so wie sie nach der langen Reise sind.« Und Lola antwortet am 17. August mit Liebesschwüren: »Ich liebe Dich nicht nur, sondern ich schätze Dich und ich achte Dich. Ich glaube immer an meine große Liebe an Dich ... Der liebe Gott, der alles weiß, ist Zeuge dieser Wahrheit.« Sie vereinbaren ein Treffen am 2. September in Malans, für dass sie natürlich noch einen Reisekostenvorschuss brauchte: »Denke daran, mir Geld für die Reise zu schicken, tausend Franken sind genug. Ich habe keinen Pfennig zuhause. Ich will

Königliche Villa Berchtesgaden

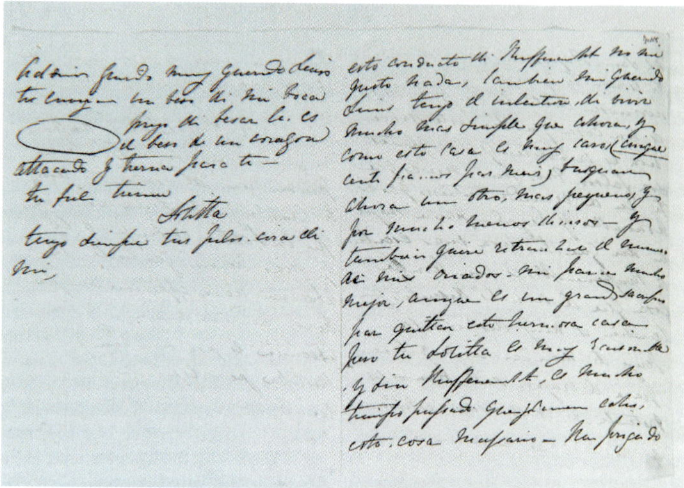

Briefauszug eines Schreibens von Lola Montez an Ludwig I. vom 17. August 1848 (Bayerische Staatsbibliothek)

keine Zeit verlieren, mein geliebter Ludwig, um am 2. September ankommen zu können. Ich kann an das Glück glauben, dass ich Dich wiedersehe. Du wirst sehen, dass Lolitta immer für Dich da ist und dass sie Dich mehr als früher liebt. Die Entfernung lässt die Liebe wachsen, wenn man sich liebt. Aber ich hoffe, dass in Kürze alles ruhiger und geregelter wird, und dass Du freier in Deinen Handlungen wirst.«

»König Ludwig I. hat die Kronjuwelen geraubt!«

Doch das Treffen in Malans fand nie statt: Ludwig erfuhr erst mit einer Woche Verzögerung, welchen Lola-Montez-Skandal man ihm in München am 20. August andichtete: König Ludwig I. hätte den gesamten Staatsschatz, die bayerischen Kronjuwelen, geraubt und zur Finanzierung der Lola Montez verkauft! Seitdem ist die Schatzkammer in der Residenz nicht mehr zugänglich. Eine aufgebrachte Menge hatte die Polizeiwache gestürmt und als sie auch die Residenz belagerten, konnte nur noch das Militär mit Warnschüssen und aufgepflanzten Bajonetten die wütenden Bürger auseinandertreiben. Erst als Innenminister Freiherr von Thon-Dittmer einer

Bürgerdelegaton versichert hatte, dass der Staatsschatz immer noch dort ist wo er immer schon war, in der Schatzkammer der Residenz und eine öffentliche Bekanntmachung in ganz München angeschlagen wurde, legte sich die Wut der Bevölkerung: »Auf Ansuchen mehrerer Bürger der Stadt München wird hiemit von dem Unterzeichneten wiederholt bestätigt, dass, wie schon am heutigen Vormittag dem Magistrat der kgl. Haupt- und Residenzstadt München von der betreffenden Behörde kund gegeben worden ist, bereits vor mehreren Tagen an Seine Majestät den König der ehrerbietige Antrag gegangen, und hierüber gewährende Entschließung zu erwarten ist: Es möge die Wiederaufstellung des Hausschatzes in der Schatzkammer der Residenz und der Besuch derselben wie früher genehmigt werden.« Aber unter diesen Umständen war es für Ludwig I. unmöglich, sich mit Lola zu treffen, ohne eine weitere Eskalation in München heraufzubeschwören. Am 28. August schrieb er ihr: »Die Revolutionäre haben das Gerücht ausgegeben, dass ich Dich mit Schmuck beschenkt hätte, der dem Staat gehört. Dein Luis ein Dieb! Das Gerücht begann damit, dass ihnen nicht erlaubt wurde, den Schatz zu sehen. Neue blutige Kämpfe werden erwartet und die schlimmsten Folgen wenn ich nach Tirol gehe. Es

Die bayerischen Kronjuwelen: Königskrone und Krone der Königin

ist eine schreckliche Situation. Leider sind meine Verwandten auch nicht mehr länger in Innsbruck. Wenn ich sie dort hätte besuchen können hätte ich Dich leicht in Malans besuchen können. Es ist schwer für mich aus Bayern hinauszukommen. Der König von Württemberg und seine Geliebte sind in Meran, in Tirol. Er hat die Krone und niemand in seinem Land sagt was dagegen. Aber ich, obwohl abgedankt, kann Dich nicht sehen. Warum? Wenn nicht so viele Leute verrückt wären. Sie suchen nach einem Vorwand, um neue Skandale hervorzurufen. Aber der Hass auf Dich ist sonderbar, so tollwütig ... Ich wiederhole, die ganze Welt hat nicht die Macht, uns zu trennen.«

Amor in Roma – auch das ging schief: Ludwig und Lola sahen sich nie wieder

Nachdem das Treffen in Malans geplatzt war, plante Ludwig ein neues Treffen im Oktober, da er dann ganz unverfänglich zu Familienmitgliedern nach Innsbruck hätte reisen können, von wo aus es nach Malans nicht mehr weit ist. Nach einem anderen Plan wollte er Lola in Rom treffen: »Willst Du Dich in Rom niederlassen? Wenn ja wann? Ich will nach der Budget-Sitzung der Kammern nach Rom gehen, um Dich dort zu besuchen, wenn Du da bist, wenn nicht, dann in die Schweiz fahren. Was für eine Freude Dich wiederzusehen.« Lola an Ludwig: »Was für eine Freude Dich in Rom zu sehen, geliebter Ludwig. Aber es ist wichtig, dass die Leute in München nicht den Verdacht haben, dass Du mich dort siehst.« Ludwig an Lola: »ROMA AMOR, ein schöner Gedanke, sich in der Hauptstadt der antiken Welt zu sehen. Du weißt, ich kann nicht vor Ende der Budget-Sitzung fort. Sie beginnt nächsten Monat, und niemand weiß, wann sie zu Ende ist.Wenn Du Dich in Rom niederlassen willst, sehen wir uns dort. Ansonsten an irgendeinem Ort der Reise, die ich über Jahre geplant habe.« Doch auch die Begegnung in Rom blieb ein unerfüllter Wunsch und Lola Montez und König Ludwig I. sollten sich nie mehr begegnen. Lola in ihren Memoiren: »Wiederum beginnt ein neuer Abschnitt meines Lebens. Von neuem war ich in die weite Welt hinausgestoßen. Abermals betrat ich ein neues Land, eine neue Stadt. Der Traum war vorüber. Es war ein schöner Traum an der Seite eines Königs.«

Lolas Heiratsantrag an Elias Peißner

Der »regelmäßige Beischläfer«

König Ludwig I. war nicht der einzige »regelmäßige Beischläfer« Lolas in München, wie Leo von Klenze die sonstigen G'spusis »dieser Allerweltshure« nannte. Das wusste der König von Anfang an, behielt aber den Hofklatsch meist für sich und ließ nur manchmal Lola gegenüber Dampf ab wie in diesem Brief vom 20. Februar 1848: »Um Dein Leben zu retten, würde ich auf die Krone verzichten, auch wenn ich (werde nicht ärgerlich) nicht immer die Überzeugung gehabt habe, dass Du eine treue Liebhaberin gewesen bist.« Oder am 26. März 1848: »Du hast Dich ganz anders als Dein Ludwig verhalten. Ich weiß nicht, wie oft wurde ihm gesagt, dass Du ihm untreu gewesen bist.« Was der König nicht wusste: Lola war zu diesem Zeitpunkt schon nicht mehr in der Schweiz, sondern in den Armen ihres Lieblings-Lovers Elias Peißner, mit dem sie gerade Heiratspläne schmiedete.

Studentenkäppi aus Lolas Unterröcken

Lola hatte den 21-jährigen Jurastudenten Elias Peißner am 18. Juni 1847 in München kennengelernt, als er mit einigen andern Kommilitonen die Studentenschaft »Alemannia« gründete. Ein kleiner Teil der Münchner Studenten fand nämlich Lolas Auftreten in München einfach »cool«, ganz im Gegensatz zu den Studenten in den erzkatholischen und konservativen Burschenschaften Bavaria, Palatia, Isaria und Franconia, in denen man

Elias Peißner wanderte nach seinem Studium nach Amerika aus, gründete eine Familie und starb in einer Schlacht des Amerikanischen Bürgerkrieges 1863 im Alter von 37 Jahren.

sich über die dahergelaufene ausländische Mätresse entrüstete. Da die Lola-Verehrer ihrem Idol die Treue hielten, wurden sie kurzerhand aus den Studentenverbindungen ausgeschlossen, darunter auch Elias Peißner aus der Palatia. Um gemeinsam weiter in Treue fest ihrer Lola huldigen zu können, schlossen sie sich im Rottmann'schen Kaffehaus am Odeonsplatz zu einer neuen Studentenverbindung zusammen und tauften sie »Alemannia«. Als klar wurde, wer hier dahintersteckt, hießen die Alemannen bei den Münchnern schnell die »Lolamannen«, zumal ihnen Lola auf der Rückseite ihres Palais in der Barer Straße ein Nebengebäude als Kneiplokal zur Verfügung gestellt hatte, in dem sie nicht nur zechten, sondern auch aus Lolas Unterröcken ihre Studentenkäppis nähten.

»Was hast Du? Warum wirst Du rot?«

Peißner hatte seine Studentenbude ein paar Häuser weiter neben Lolas Palais in der Barer Straße, in dem Lola im November 1847 mit dem jungen Studenten schnell zur Sache kam, wie er später niederschrieb: »Im November 1847 befand ich mich alleinig bei der Gräfin in einem kleinen Schlafzimmer und nach längerem Liebkosen küsste und drückte sie mich und fragte mit fingierter Überraschung: ›Was hast Du? Was willst Du? Warum wirst Du rot?‹ Sie berührte mich und bahnte mir einen Weg, sie zu genießen. Ich fühlte, was ich nie zuvor gefühlt. Ich wußte nicht, wie mir geschehen. Bei dem heiligen Kruzifix musste ich kniend ihr schwören, ihr nie untreu zu sein; sie tat dasselbe. Die Folge davon war, dass ich bis über die Ohren in sie verliebt wurde.« Elias Peißner war natürlich auch in Schloss Blutenburg dabei, nachdem Lola aus München vertrieben über Großhesselohe in Blutenburg Zuflucht suchte, einem beliebten Treffpunkt der Alemannen. Erst fiel sie ihm »wie eine liebende Gattin nach langer Trennung um den Hals«, wie sie in ihren Memoiren schrieb, machte ihm aber gleich darauf eine lautstarke Szene, weil er keine Lust hatte, mit ihr sogleich wieder zurück nach München zu fahren. Sie beschimpfte und ohrfeigte ihn und warf ihm vor, dass er sie nicht liebe. Der »Ehekrach« eskalierte, als Peißner aus dem Zimmer flüchtete und drohte »sich zu entleiben«. Trotzdem, happy end in Blutenburg, und beide verschwanden versöhnt im Bett.

Ludwig ahnungslos: Lola will Elias Peißner heiraten

Im Januar 1849 offenbarte sich Peißner in einem Brief an den inzwischen abgedankten König als der Dauerliebhaber seiner Lola und erhoffte sich von seiner Intimbeichte offenbar eine finanzielle Unterstützung für sein Jurastudium.

Am 5. Januar schrieb er ihm auch die Heiratsabsichten mit Lola und warum sie sich unbedingt mit ihm in Frankfurt treffen wollte: »Eine Absicht der Gräfin, mich zu heiraten hörte ich vorzüglichst in den beiden letzten Monaten des Jahres 1847, dann das letzte Mal in Frankfurt a. M. Dann möge Eure Königliche Majestät zwar unaufgefordert von mir erfahren, dass die Gräfin ungefähr Mitte März nach Frankfurt kam und mich von Plauen nun dorthingehen ließ, mit der Bemerkung, wenn ich nicht käme, käme sie nach Plauen, mit welchen Drohungen sie immer ihren Willen verband. 2 Tage blieb ich in Frankfurt, Hotel de Paris; sie war im Hotel Landsberg. In jenen Abenden hörte ich das letzte Mal von ihr, dass sie mich noch ehelichen wollte; sie weinte, reichte mir die Hand deshalb und schwor mir es – doch wies ich Hand und Schwur zurück, mit dem Bemerken, es könnte sie einmal reuen, was sie heut getan. Sie glaubte sich deshalb verlassen, und ich hatte das größte Bedauern mit ihr.«

Als er im Januar 1849 Ludwig I. dann tatsächlich um finanzielle Unterstützung bat, damit er sein Jurastudium außerhalb von Bayern abschließen könnte, fragte ihn der König weiter über Lola Montez aus, und Peißner erzählte, dass es noch einen weiteren Kommilitonen gegeben hat, Ludwig Leibinger, mit dem Lola regelmäßig ins Bett ging, zuletzt in Lindau, als sie nach ihrer Vertreibung aus München auf ihr Gepäck wartete.

Für Elias Peißner wurde Lola ganz einfach zu anstrengend, nach dem Frankfurter Heiratsphantasien lud sie ihn zwar noch in die Schweiz ein, Peißner aber zog nach Gießen, um sein Studium weiterzuführen und wanderte danach nach New York aus, wo er heiratete und drei Kinder zeugte. Im Amerikanischen Bürgerkrieg führte er als Oberst ein Regiment der Unionstruppen an und starb 1863 in der Schlacht von Chancellorsville im Alter von 37 Jahren.

Erpresser Papon und Lolas Millionen-Rente

»Ist er eine alte oder eine neue Bekanntschaft?«

Am 6. September 1848 schickte Ludwig seiner Lola nach Genf einen Fragebogen: »Antworte mir auf folgende Fragen über ihn:

Ist er eine alte oder eine neue Bekanntschaft?
Aus welchem Land?
Wie alt?
Umgänglich?
Liebenswert?
Beruf, Anwalt oder gar keinen?
Reich, arm?
Ein Ehemann?«

Scheinbar ahnte er nichts Gutes, und er sollte damit recht behalten. Lola Montez war Ende Juli 1848 im Genfer Hotel L'Imperatrice Auguste Papon begegnet und zwei hochbegabte Hochstapler hatten sich getroffen. »Ein sehr angenehmer Herr, Señor Papon, hat mich neulich besucht. Dieser Herr ist ein Kavalier. Er kam mit seiner Mutter, die Marquesa de Sarde.« Papon war etwa 30 Jahre alt, gelernter Rechtsanwalt, stammte aus Marseille und war genauso wie Lola von Beruf Hochstapler. Am 7. September beruhigte Lola ihren Ludwig: »Du fragst nach Herrn Papon. Du weißt, man kann nicht über jeden sicher sein, aber er scheint mir ein Gentleman zu sein. Du brauchst keine Angst haben, dass aus meiner Bekanntschaft Liebe wird, nichts. Ich liebe nur Dich, und alle anderen sind mir egal.« Wie Ludwig von seinem »Geheimdienst«, den Tagesmeldungen des Hotelbesitzers Alexander Rufenacht erfuhr, war Papon Anwalt in Marseille, wo er eine Menge Schulden hinterließ. »Er ist ziemlich klein, bronzenes Gesicht, lebhafte, unheilvolle Augen. Er lässt keine Chance aus beliebt zu sein. Ich weiß nicht, was er in der Gräfin inspiriert, aber ich zweifle, dass es Liebe ist. Es gibt Gerüchte, dass Papon sie heiraten will, und von Ihnen einen Titel fordern will.« Ludwig sah in Papon einen praktischen Kurier für seine Brie-

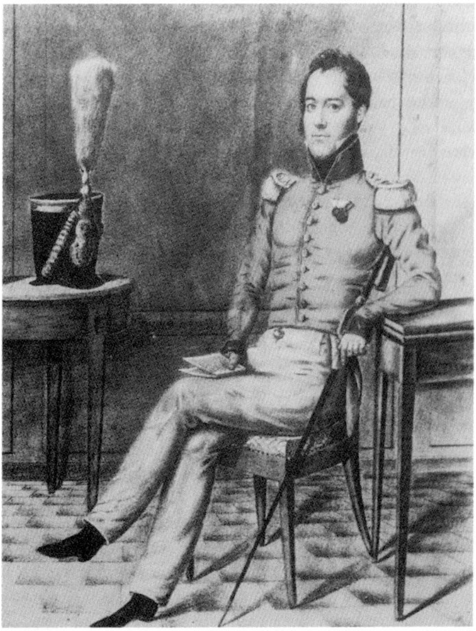

Der Genfer Hotelier Alexander Rufenacht versorgte den zurückgetretenen Ludwig mit aktuellen Nachrichten über die in seinem Hotel abgestiegenen Gäste Lola Montez und den Hochstapler Auguste Papon.

fe an Lola und empfing ihn auch einmal in München. Als er wieder nach Genf zurückgekehrt war, hatte Lola nicht nur sein Doppelleben als Hochstapler durchschaut: »Herr Papon hat den Ruf sich mit Männern unanständig zu benehmen«, schrieb sie an Ludwig am 20. November und fünf Tage später: »Herr Papon hat schon wieder mit der Polizei zu tun, weil er in einem Garten mit einem jungen Mann in einer schrecklichen Stellung gefunden worden ist.«

10.000 Franken oder Veröffentlichung der Königs-Briefe

In dieser Beziehung brauchte sich Ludwig also keine Sorgen machen, dass ihm Lola wieder untreu wird, dafür hatte sie sich einen 20-jährigen Millionär, Julius Graf von Schwandt, angelacht und Papon rausgeworfen. »Herr Papon ist wütend, dass er nicht mehr in meinem Haus sein kann und er hat ›Rache geschworen‹.« Und die sah so aus: Ludwig erhielt von Papon am 10. Dezember 1848 einen freundlichen Erpresserbrief, in dem er sich über Lolas Verhalten ihm gegenüber beschwerte und für die er sich rächen wollte. »Ich will lieber eine Entschädigung. Es ist überhaupt nicht

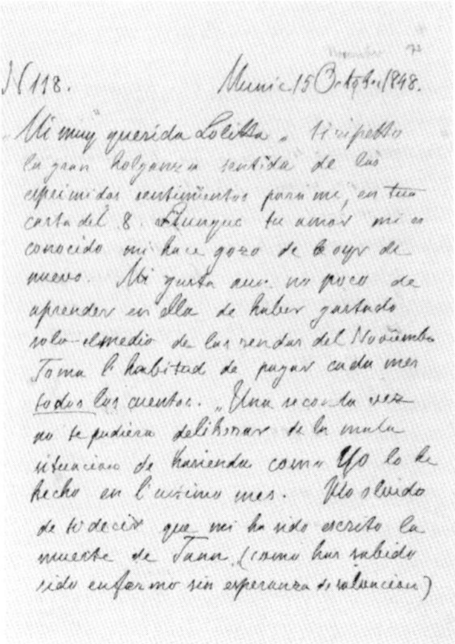
N 118. Munic 15 Octobre 1848.

Mi muy querida Lolitta. [illegible] la gran [illegible] sentida de los [illegible] sentimientos para mi, en tu carta del 8. Aunque tu amor mi es conocido mi hace gozo de le oyr de nuevo. Mi gusta aun un poco de aprender en ella de haber gastado solo el medio de las rendas del Noviembre. Toma l'habitud de pagar cada mes todos los cuentos. Una segunda vez no te pudiera deliberar de la mala situacion de hacienda como yo lo he hecho en l'ultimo mes. No olvido de te decir que mi ha sido escrito la muerte de Juan (como has sabido sido enfermo sin esperanza de salvacion)

König Ludwig I. zahlte und zahlte … Am 15. Oktober 1848 schrieb er an Lola: »Ich habe 20.000 Franken abgeschickt um deine schmerzliche Lebenssituation abzukürzen.« (Bayerische Staatsbibliothek)

die Gräfin, von der ich sie fordere, aber Eure Majestät wird nicht zögern, wenn er weiß …« Was sollte Seine Majestät wissen? Papon deutete an, dass er im Besitz der Briefe Ludwigs an Lola wäre, und dass die Verleger schon Schlange stehen, diese zu veröffentlichen: »Währenddessen, Sire, bedrängen mich meine Freunde, sie beschwören mich, mich zu rächen. Veröffentlichen Sie, sagt man mir: ›Sechs Monate mit Lola Montez‹. ›Sie haben die Briefe des Königs erhalten, veröffentlichen Sie sie! Wieviel wollen Sie für ihr Werk?‹, fragen mich die Zeitungen und Verleger. Sire, ich möchte eine doppelte Entschädigung: Zuerst die Ehre. Eure Majestät wird so gütig sein, mir den Titel eines Kammerherrn zu übertragen, nur ein Ehrentitel, damit ich weiß, was ich verdient und von Ihrer Majestät Zustimmung erhalten habe. Das zweite ist Geld. Ihre Majestät können einschätzen, ob zehntausend Franken eine übertriebene Summe sind.«

1 Million Franken Rente für Lola

Dafür veröffentlichte er einen höchst brisanten Brief, den Ludwig am 18. November 1848 an ihn geschrieben hatte und demzufolge er mit Lola besprechen sollte »ob es ihr lieber ist, wenn ich ihr die lebenslängliche Rente, welche sie dermalen bezieht, durch eine Schenkung auf die Fonds in der hiesigen Bank anweise, die eine Privatbank ist, was wegen des Budgets erst nach Schluss der Kammern geschehen könnte, die im nächsten Monat eröffnet werden soll oder wenn ich ihr lebenslänglich die Rente von einer Million Franken, anzulegen in der englischen Bank, anweise, denn soviel höchstens beträgt meine in derselben habende Summe.« Ludwig hatte also auf einer englischen Bank eine Million Franken liegen, die er an den Ministerien vorbei »nach Schluss der Kammern« als Rente für seine Lola anlegen wollte. Die enorme Summe sollte höchst diskret an Lola übertragen werden, denn »man darf den Löwen nicht wecken, das ist ein sehr wahres Sprichwort. Man hat mir bereits lebhafte Vorwürfe gemacht, dass ich zuviel an sie verschenke. Es ist von großer Wichtigkeit, Alles zu vermeiden, was in diesem Augenblick die Aufmerksamkeit auf sie lenken könnte. Die Revolutionäre bemächtigen sich jeden Vorwands. Ich wiederhole es, die ganze Welt ist nicht im Stande, mich von ihr loszureißen.« Die lebenslängliche Rente von einer Million Franken wurde zwar nie angelegt, aber die Vorstellung, dass die aus München vertriebene Lola auf Staatskosten eine Millionenrente beziehen sollte, hätte in München neue Tumulte auslösen können, was aber auch nicht geschah: Papons »Memoiren« fanden offenbar keine große Aufmerksamkeit, und der geplante Millionendeal blieb unbeachtet. Danach wurde Papon aus der Schweiz wegen vieler Betrügereien ausgewiesen und in Paris wegen Versicherungsbetrug verhaftet und verurteilt.

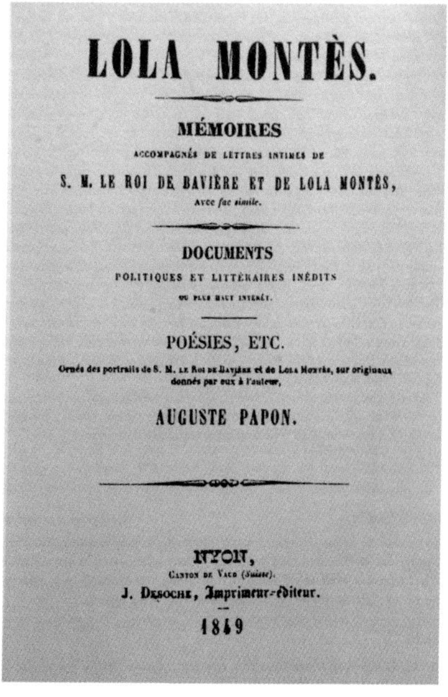
LOLA MONTÈS.

MÉMOIRES

ACCOMPAGNÉS DE LETTRES INTIMES DE

S. M. LE ROI DE BAVIÈRE ET DE LOLA MONTÈS,

Avec fac simile.

DOCUMENTS

POLITIQUES ET LITTÉRAIRES INÉDITS

DU PLUS HAUT INTÉRÊT.

POÉSIES, ETC.

Ornés des portraits de S. M. le Roi de Bavière et de Lola Montès, sur originaux donnés par eux à l'auteur,

AUGUSTE PAPON.

NYON,

Canton de Vaud (Suisse).

J. Desoche, Imprimeur-Éditeur.

1849

Ankündigung der französischen Buchveröffentlichung der brisanten Briefe Ludwigs an Lola, vom Herausgeber Papon getarnt als »Memoiren der Lola Montez«. Zeitgleich erschien in einem Stuttgarter Verlag eine deutsche Ausgabe.

Lola Montez kostete umgerechnet 5,2 Millionen Euro

»Im Mittelalter wäre sie als Hexe verbrannt worden«

»Die gute Lola weiß mit Geld nicht umzugehen«, sagte König Ludwig I. zu Karl Wilhelm von Heideck (1788–1861) wenige Wochen nachdem er ihr 1846 zum ersten Mal begegnet war und er den General als Finanzberater bei der Ausstattung ihres Palais in der Barer Straße eingesetzt hatte. Kurz vor Vollendung des Bauunternehmens war Heideck einem Nervenzusammenbruch nahe und weigerte sich, Lola weiter zu betreuen. Lolas Lieblingsbeschäftigung war nämlich Shopping in den teuersten Münchner Geschäften und wenn sie kein Bares bei sich hatte, ließ sie auf des Königs Namen anschreiben. Heideck musste dann ihren Beutezügen hinterherlaufen, um die Schulden zu bezahlen. Als es ihm endlich zu dumm wurde, informierte er Lolas Lieblingsgeschäfte, dass weder er noch der König für ihre Einkäufe aufkommen werden, wie auch

Karl Wilhelm von Heideck war in der bayerischen Armee bis zum Generalleutnant aufgestiegen und hatte sich bleibende Verdienste beim Aufbau des Nationalstaats Griechenland erworben, war dort Mitglied der bayerischen Regentschaftsregierung bis zur Volljährigkeit des jungen Königs Otto, des Sohnes von Ludwig I., gewesen. 1846 war er von König Ludwig I. mit der Aufgabe betraut worden, die Ausgaben der Lola Montez in einem verträglichen Rahmen zu halten. An dieser Aufgabe scheiterte er, er kapitulierte und gab das Amt schließlich zurück.

beim Silberschmied Maierhofer: »Dieser, dem ich gleichfalls eine Erklärung gemacht hatte, kaum meinen Namen ausgesprochen, als die Señora in Wut gerieten und mit der Faust in die Glaswand eines nebenstehenden Schrankes so heftig schlug, dass die Scheibe brach und sie sich mit den Scherben die Hand so zerschnitt, dass sie heftig blutete. Meister Maierhofer musste mit seinem Sacktuche das Blut hemmen und die Hand verbinden, bis zum Arzt geschickt wurde«, schrieb der General, »im Mittelalter wäre sie als Hexe verbrannt worden; denn die Gewalt dieses Weibes über den klaren und verständigen Geist Seiner Majestät grenzt wirklich aufs Zauberhafte.« Da war was Wahres dran, denn eigentlich war König Ludwig I. ein äußerst sparsamer Mensch, auch gegenüber seinen Künstlern, denen er lieber billige Orden verlieh, anstatt sie großzügig für ihre Arbeiten zu bezahlen.

»Ich bin an allen Luxus des Lebens gewöhnt, gib mir Geld zu meinem sofortigen Gebrauch«

Seit ihrer Fahrt von München in die Schweiz war Lolas größte Sorge, der königliche Geldsegen könnte versiegen und das Hauptanliegen in fast allen folgenden Briefen war Geld, Geld, Geld: »Ich habe nichts zum Anziehen, nichts, nichts, nichts. Ich bin gezwungen einen Nachtrock zu tragen. Ich habe kein Geld, weshalb ich Dich bitte mir genug für die Reise nach Lindau zu schicken«, schrieb sie an Ludwig schon auf der Fahrt nach Lindau am 12. Februar 1848. Und sie zog alle Register, um Ludwigs Mitleid zu erregen: »Ich bin so unglücklich nach Geld fragen zu müssen. Gott weiß wie melancholisch ich bin. Ich hoffe Du lässt mich nicht in diesem traurigen Zustand. Adios mein geliebter Ludwig, ärgere Dich nicht über mich. Ich gebe mein Ehrenwort, nie mehr nach etwas zu verlangen!«, schrieb sie am 23. April, und das Ehrenwort hielt nur sechs Tage, denn am 29. April war sie schon wieder pleite: »Ich brauche 3000 Franken für die Möbel und 2000 Franken für Hausreparaturen. Für das Hotel brauche ich 4000 Franken. Ich bin in einer so unerträglichen Lage, ich habe keinen Kreuzer. Wenn es Dir wirklich ernst mit mir ist, kannst Du es beweisen, indem Du mir das Geld zu meinem sofortigen Gebrauch gibst. Ich kann keinen anderen Lebensstil führen als den ich gewohnt bin. Ich bin an allen

König Ludwig I., Gemälde von Franz Lenbach

Luxus des Lebens gewöhnt.« Da half auch keine Frühlingssonne, denn wenn sie nicht Shopping gehen konnte fiel Lola wie am 4. Mai in tiefe Depressionen: »Das Wetter ist schön, aber ich kann mich nicht daran erfreuen. Ich habe 2 Wochen lang nichts gekauft. Ich habe keinen Kreuzer gehabt und schäme mich so.« Was sie aber nicht abhielt, am 9. Mai im Spielkasino hoch zu pokern und zu verlieren: »In Bern habe ich mit Peel und Meller Karten gespielt. Aber sie waren gemein und ließen mich zahlen, als ich verlor. Ich habe 2000 Franken verloren, aber ich verspreche, dass ich niemals mehr eine Karte anrühre.« Und ihr Ludwig zahlte sofort, und vorsichtshalber auch gleich ein bisschen mehr: »Ich habe gerade den Brief erhalten, in dem Du sprichst, dass Du 2000 Franken beim Spielen verloren hast. Jetzt wundert es mich nicht, dass Du wenig Geld hast. Der Wechsel über 5000 Franken liegt bei.«

»Viele adelige Familien haben nicht so viel wie Du«

Natürlich wusste Ludwig, um welche Summen es sich bei seinen Lola-Zahlungen handelte und ab und zu kam er aus dem Staunen selbst nicht mehr raus, wie am 8. Mai: »Es ist unglaublich, dass eine Frau ohne Familie in so kurzer Zeit einem Hotel 4000 Franken schuldet. Obwohl ich Dir schon 1000 Franken für den Transport der Möbel geschickt habe sende ich Dir noch 7000 Franken. Jetzt darfst Du keine Ausgaben mehr machen.« Oder am 13. Juni: »Herr Rufenacht hat mir zwei statt einer Rechnung geschickt. Ich werde 4257 Franken zahlen: 3089 Franken plus 1168 Franken. Meine so sehr geliebte Lolitta, gib nicht mehr als Deine Einkünfte aus, denke, wie enorm mein Einkommen vermindert worden ist. Ich glaube Du stellst Dir mich immer noch als einen Souverän in Gold und Silber vor. Ich kann Dir keine Extrazahlungen mehr leisten.« Ludwig konnte als abgedankter König nur mehr über einen Bruchteil seines bisherigen Etats verfügen, was er immer wieder erwähnte, wie am 10. Oktober: »Dein übliches Einkommen ist nicht klein für eine alleinstehende Dame ohne Familie. Viele adelige Familien in Bayern haben nicht so viel. Du darfst nicht mehr als Dein Einkommen ausgeben. Du musst auf das Geld aufpassen, verbrauche es nicht unnötig, verbrauche nicht mehr als Dein Einkommen, halte Ordnung. Auch der größte Wunsch zu helfen, wird durch fast Unmögliches begrenzt. Ich herrsche nicht mehr, ich bin ein abgedankter König, dessen Einkommen enorm reduziert ist, meine Reserven sind fort.«

Die große Abrechnung: 158.084 Gulden 16 ¼ Kreuzer

Und dann kam der große Kassensturz, Ludwig rechnete am 15. November 1848 seiner Lola wie ein Finanzbeamter auf den viertelten Kreuzer genau vor, was sie ihm seit ihrer Ankunft in München vor zwei Jahren gekostet hat: 158.084 Gulden 16 ¼ Kreuzer – was umgerechnet anhand damaliger und heutiger Ministergehälter 4.742.520 Euro betragen hätte:

»Mi muy querida Lolitta,

Es wird für Dich interessant sein zu wissen, wieviel ich für Dich in zwei Jahren ausgegeben habe. Ich habe die Auszüge aus meiner Buchhaltung gemacht. Das Verwaltungsjahr hat am 1. Oktober, auch für meine Ausgaben angefangen.

In diesen zwei Jahren 1846/1847 und 1847/1848 betragen die Ausgaben für Dich, die monatlichen Bezahlungen, Geschenke, bezahlte Schulden, die Wohnung 158.084 Gulden 16 ¼ Kreuzer.

Außerdem habe ich Spraul, Gunther, Ploetz Geld gegeben, und ich habe andere Ausgaben wegen Dir gehabt.

Von dieser Summe habe ich
1846/1847 100.992 Gulden 53 3/ Kreuzer ausgegeben
und im Jahre 1847/1848 57.091 Gulden 22 1/ Kreuzer.

Ich wiederhole, diese außergewöhnlichen Ausgaben kann ich nicht länger machen.«

400.000 Gulden testamentarisch verbriefte Rente

Unabhängig von seinen Zahlungen für den Lebensunterhalt sorgte sich Ludwig für Lolas finanzielle Sicherheit in der Zukunft. Sehr früh schon hatte er Lola in seinem Testament berücksichtigt und die damalige Summe am 19. April 1848 dann noch verdoppelt:

»Als ich den ersten Zusatz zu meinem Testament zu Deinen Gunsten gemacht habe, hast Du die Hälfte der späteren Summe erhalten. Ich habe 200.000 Gulden auf der Bank angelegt, was Dir von meinem Tod bis zu Deinem Zinsen und Dividenden von etwas mehr als

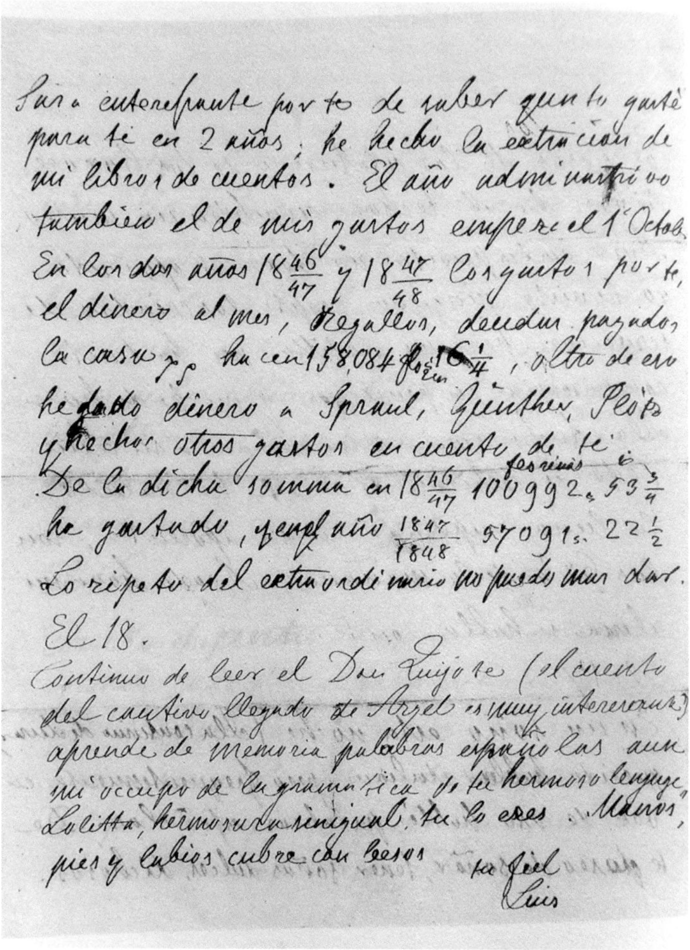

Para [illegible] por te de saber quanto te gasté
para te en 2 años, he hecho la extraccion de
mi libro de cuentos. El año administrativo
tambien el de mis gastos empieza el 1 Octob.
En los dos años 1846/47 y 1847/48 Conjuntos por te,
el dinero al mes, regalos, deudas pagados,
la casa etc hacen 158,084 flor. 16 1/4, altro de eso
he dado dinero a Sprunl, Guenther, [illegible]
y hechos otros gastos en cuenta de te.
De la dicha somma en 1846/47 florines 100992. 53 3/4
ha gastado, y en el año 1847/1848 57091. 22 1/2
Lo resto del extraordinario no puedo mas dar.
El 18.
Continuo de leer el Don Quijote (el cuento
del cautivo llegado de Argel es muy interessante)
aprende de memoria palabras españolas aun
mi occupo de la grammatica de tu hermoso lenguaje
Lolitta, hermosura sin igual tu lo eres. Manos,
pies y labios cubro con besos
tu fiel
Luis

Brief König Ludwigs I. an Lola Montez vom 15. November 1848, in dem er ihr bis auf den Kreuzer vorrechnete, wie viel sie ihm bisher gekostet habe. (Bayerische Staatsbibliothek)

Bayerischer Gulden mit Ludwigs Portrait

10.000 per annum gebracht hätte. Gestern habe ich mit einem neuen Zusatz die Summe auf 400.000 Gulden erhöht, was Dir das Doppelte an Zinsen und Dividenden bringt. Ich will Dir Genüge tun und diese Summe auf eine andere Bank geben.« Lola erwähnte in den folgenden Briefen mit keinem Wort das Geldgeschenk, so dass Ludwig am 9. Mai noch einmal nachhakte: »Schreib mir, ob ich Dir das völlig legale Geschenk an Zinsen und Dividenden machen soll, die eine Summe von 400.000 Gulden auf einer hiesigen Bank bringt. Das wären ungefähr 20.000 Gulden im Jahr. Ein solches Geschenk wäre unabhängig von politischen Ereignissen, sogar unabhängig davon, dass ich eventuell meine Staats-Apanage verliere.« Lola schwieg weiter, Ludwig am 25. Mai: »Ich warte immer noch auf Deine Antwort ob ich die 400.000 Gulden auf einer bayerischen Bank für Dich anlegen soll, für das ganze Leben auf Deine Unterschrift, und wiederhole, unabhängig von der Regierung. Es ist eine private Angelegenheit.« »Die gute Lola weiß mit Geld nicht umzugehen«, jedenfalls nicht wie Börsenspekulanten, Aktionäre oder Finanzminister. Lola kannte nur Bargeld, das sofort ausgegeben werden konnte, aber von Geldanlagen auf einer Bank, »was Dir von meinem Tod bis zu Deinem Zinsen und Dividenden von etwas mehr als 10.000 per annum gebracht hätte«, wollte sie nichts wissen. Lola spekulierte nicht, sondern lebte in vollen Zügen ausschließlich in der Gegenwart. Die von König Ludwig I. in seinem Testament erwähnte Rente wurde nie angetastet.

Lola kostete Bayern umgerechnet 5,2 Millionen Euro

Die Umrechnung von Bayrischen Gulden in Euro ist schwierig. Eine Möglichkeit ist, die Gehälter von Berufen zu vergleichen, die 1848 und heute ähnliche gesellschaftliche Positionen hatten.

- So hatte ein Minister 1848 im Königreich Bayern ein Jahresgehalt von ca. 6000 Gulden.
  Ein Minister im Freistaat Bayern hat heute ein Jahresgehalt von ca. 180.000 Euro. 1 Gulden Ministergehalt 1848 entsprechen demnach 30 Euro.
- Oder: Münchens Oberbürgermeister hatte 1848 ein Jahresgehalt von 4000 Gulden.
  Münchens Oberbürgermeister heute ca. 146.600 Euro.
  1 Gulden Oberbürgermeistergehalt 1848 entsprechen ca. 36 Euro.
- Nach der Abrechnung des Königs vom 15. November zahlte er an Lola in den beiden »Verwaltungsjahren« 158.084 Gulden, was bei einem Kurs von 30 Euro / 1 Gulden 4.742.520 Euro und bei einem Kurs von 36 Euro / 1 Gulden 5.691.024 betragen würde.
- Der Mittelwert 33 Euro / 1 Gulden wäre dann 5.216.772 Euro.

Als es darum ging, Lolas Haus in der Barer Straße zu verkaufen, schrieb Ludwig am 10. April 1848: »Dein Haus hier ist schätzungsweise 30.000 Gulden wert.« Das würde bei einem Kurs von 33 Euro / 1 Gulden ca. 1 Million Euro entsprechen. Wenn man die gegenüber 1848 heute wesentlich höheren Grundstückspreise berücksichtigt, würde auch diese Summe für ein Haus in der Größe des Lola-Palais den heutigen Baukosten sehr nahe kommen.

Die 400.000 Gulden, die Ludwig für Lola »auf einer bayerischen Bank für Dich anlegen« wollte, »für das ganze Leben auf Deine Unterschrift«, hätten demnach 12 Millionen Euro entsprochen.

»Hätt' ich doch nie und nimmer Dich gesehen!«

Blitzhochzeit mit 21-jährigem Millionär George Trafford Heald

Ende November 1848 war Lola mit ihrer Zofe und einem Diener nach London gereist, um von dort aus im März 1849 ihren Besitz und das Palais in der Barer Straße versteigern zu lassen. Eigentlich wollte sie danach Richtung Spanien aufbrechen, aber wieder machte ihr Leben eine dramatische Wende: Sie begegnete am 13. Juli 1849 dem millionenschweren 21-jährigen George Trafford Heald, Erbe eines Riesenvermögens, der genauso wie Ludwig I. nach der ersten Begegnung so von ihr fasziniert war, dass er ihr schon nach wenigen Tagen einen Heiratsantrag machte. Nur eine Woche später, am 20. Juli 1849 heiraten die beiden und Lola Montez wird britische Staatsbürgerin. Ludwig I. war vollkommen verwirrt und sprachlos, aus Berchtesgaden schrieb er ihr: »Heute erhalte ich Deinen Brief vom 16., wo Du davon sprichst. dass Du heiraten willst. Was ist in vier Tagen alles geschehen? Du weißt, ich habe Dir mehr als einmal geschrieben, dass es mich sehr verletzen würde, wenn Du einen Liebhaber hast, ich aber nichts dagegen haben würde, wenn es für Dich ein Glück bedeuten sollte, verheiratet zu sein. Du schreibst mir, dass er reich ist. Also gibt es keine Notwendigkeit, Dir weiter das zu geben, was ich Dir jetzt gebe.«

Wegen Bigamie in London verhaftet

Ludwig hielt aber seine monatlichen Zahlungen an Lola von ca. 1000 Gulden aufrecht, dafür drohte Lola Ärger von ganz anderer Seite: Die Familie des jungen Millionärs wurde beim Namen »Lola Montez« hellhörig und vor allem Susanna Heald, eine Tante des Bräutigams, misstraut der Braut und beauftragt den Anwalt William Clarkson mit Nachforschungen. Am 6. August 1849 wurde Lola nach einer Anzeige von Susanna Heald wegen Bigamie verhaftet: Zeugen hatten sie als Eliza Gilbert identifiziert, deren Ehe mit Captain Thomas James 1842 mit der Auflage geschieden worden war, dass keiner der Ehepartner zu Lebzeiten des anderen wieder

Lola packt ihren neuen Ehemann Heald und flieht mit ihm von England nach Frankreich, spöttische Zeichnung aus einer französischen Zeitschrift.

heiraten darf. Und ihr Ex-Mann Thomas James lebte noch! Erst nach Hinterlegung einer Kaution wurde sie bis zur Hauptverhandlung aus der Haft entlassen. Da Bigamie in England noch mit langjähriger Freiheitsstrafe bedroht war, nutzten Lola und ihr Bräutigam die Gunst der Stunde und flohen noch in der darauffolgenden Nacht von Dover nach Calais, um sich vor der englischen Justiz in Sicherheit zu bringen.

Luxusleben im Chateau Beaujon in Paris

Zur Hauptverhandlung am 10. September 1849 kehrten beide aber wieder nach London zurück, da sonst ihre Kaution verfallen wäre. Weil aber Lola befürchten musste, doch zu einer längeren Haftstrafe verurteilt zu werden, flüchtet sie wieder nach Frankreich und, nachdem Heald ihr nachgereist war, fuhren sie über Barcelona im Dezember 1849 nach Cadiz. Wegen ewiger Streitereien, bei der Lola Heald auch einmal mit ihrem Dolch verletzt hatte, kehrt Heald Weihnachten 1849 alleine nach England zurück. Im Januar 1850 war Lola nach Paris gezogen, wo sie sich im März mit

Head wieder versöhnte, die Verlockung, mit einem schwerreichen Mann zu leben, war eben doch zu groß. Genauso wie in München bezog sie ein luxuriöses Palais, das »Chateau Beaujon«, wurde von mehreren Bediensteten und Zofen betreut, trabte in einer feudalen Kutsche von vier Schimmeln gezogen über den gleich bei ihrem Palais gelegenen Champs Elysee und war mit ihrem exzentrischen Leben wieder gesellschaftlicher Mittelpunkt: statt München jetzt eben Paris. Um die Zahlungen aus München nicht zu gefährden, ließ sie ihren Geldgeber Ludwig aber immer noch im Glauben, George Trafford Heald wäre nicht vermögend und sie hätte von ihm kein Geld zu erwarten. Nun erfuhr Ludwig aber über den bayerischen Botschafter in Paris, Freiherr von Wendland, was sich tatsächlich in Paris abspielte, dass Lola einen prächtigen Lebensstil führt und dass Mr. Heald mit seinen 21 Jahren tatsächlich über ein riesiges Vermögen verfügte.

Das Liebesspiel ist aus

Man kann nur darüber spekulieren, warum König Ludwig I. so lange brauchte, Lolas Spiel mit ihrem Goldesel Louis zu durchschauen und die Konsequenzen daraus zu ziehen. Solange Lola von seinen regelmäßigen Zahlungen abhängig war und er auch für alle Rechnungen und Schulden aufkam, gab er offenbar die Hoffnung nicht auf, doch noch in irgendeiner Weise mit Lola zusammenkommen zu können. Schließlich »entsagte er diesem Throne einzig und allein in der Hoffnung, zukünftig unangefochten in Lolas Liebe schwelgen und leben zu können«, wie es Klenze formulierte. Seit aber der 40 Jahre jüngere Millionär George Trafford Heald in Lolas Leben getreten war, dämmerte es dem König, dass alle seine Träume geplatzt waren: Lola hatte einen anderen Geldgeber gefunden und führte in Paris das gleiche feudale Leben wie in München – warum sollte sie sich mit ihrem alten Lover noch einmal treffen? »Mit Händeringen sagte er jüngst dem Maler Stieler: ›Welch ein Unglück, dass grade ich an solch ein Weibsbild geraten musste! Während sie mir Liebe heuchelte, wollte sie nur Geld von mir; sie hat mich um zwei kostbare Dinge gebracht: um eine poetische Illusion und um meinen Thron!‹«, wie Klenze notierte. Und er selbst ließ in diesem Gedicht seinen Gefühlen freien Lauf:

Hätt' ich doch nie und nimmer Dich gesehen!
Für die gegeben ich mein letztes Blut.
Durchdrangest mich mit namenlosen Wehen,
Du meines Lebens glühendste Liebesglut!

Mit Untreu hast Du meine Treu vergolten,
Du wollt'st mein Geld, Du wolltest meine Macht,
die Du bewirket, dass mir alle grollen,
verwandelst das Dasein mir in Nacht.

Es war bereits mein Innerstes gebrochen,
gekränkt, verletzt, mich ekelte die Welt,
als sich Empörung ruchlos ausgesprochen,
als Treubruch zu dem Undank sich gesellt.

Der Jahre langer Traum ist nun verschwunden,
in einer Öde bin ich jetzt erwacht,
vorüber ist, was ich gefühlt, empfunden,
doch um die Krone bleibe ich gebracht.

»Wenn die Briefe nicht in meine Hände kommen ...«

Am 9. Juni 1850 schrieb König Ludwig I. seinen letzten Brief an Lola: »Du hast mir angeboten, mir meine Briefe an Dich zurückzugeben. Als ich aber angenommen habe, hast Du Dich anders entschieden. Ich habe wiederholt, dass Du im Juli kein Geld bekommen würdest, wenn die Briefe nicht vorher in meinen Händen wären. Du kannst kein Geld für Juli erwarten, wenn die Briefe nicht in meine Hände kommen. Und Du brauchst nicht länger Geld, seitdem Du mit Deinem Gatten Herrn Heald in Paris so im Überfluss lebst, ganz elegant, und alles bezahlt wird ... Die Nachrichten, die ich aus Paris habe sind sicher.« Ludwig drohte also, Lola kein Geld mehr zu schicken, wenn sie ihm seine Briefe nicht zurückgibt. Obwohl sie mit Heald keine finanziellen Sorgen mehr hatte, versuchte sie noch einmal Geld aus Ludwig herauszuholen: Am 26. Juni fragte sie ihn »ob in dem Fall, dass ich Deine Briefe zurückschicke Du mir Sicherheit mit einer kleinen Pension gibst, von der Du geschworen hast, Du würdest sie mir für das ganze Leben geben. Sie sollte für immer für mich garantiert sein. Die lebenslange Pension, die Du mir versprochen hast, ist von größter Notwendigkeit«. Sie meinte damit wohl die 400.000 Gulden, die Ludwig für sie anlegen wollte, und die ihr 20.000 Gulden Zinsen im Jahr gebracht hätten, obwohl sie aber auf dieses Angebot nie reagiert hatte.

»Ich weiß, dass Deine Briefe sehr wertvoll sind«

Aber Lola forderte auch dringend Bargeld für Schulden, die sie vor Ludwigs Zeit gemacht hatte: »Ich muss immer noch Schulden bezahlen, die ich in Paris gemacht habe, bevor ich nach München gekommen bin – was Du sehr wohl weißt. Wenn Du willst, wäre es mir sehr lieb, dass Du mir für alle Papiere und Briefe von Dir, die ich habe, eine Summe auszahlst. Dann sprechen wir nicht mehr über Geld.« Sie war sich bewusst, dass sie mit Ludwigs Briefen noch einen letzten Trumpf in Händen hatte: »Ich weiß, dass Deine Briefe sehr wertvoll sind, und wenn mir etwas passiert, könnten andere damit machen, zu dem ich nicht fähig bin, obwohl viele Verleger hier und in London mir viel Geld dafür angeboten haben, um sie in Englisch oder Französisch zu veröffentlichen. Glaube mir, es ist viel besser für Dich und ebenso für mich, diese Sache

König Ludwig I. am Ende der Lola-Montez-Affäre, fotografiert vom königlichen Hoffotografen Josef Albert

zu einem Abschluss zu bringen und mir eine Geldsumme zu geben, ein für allemal.«

Millionenvermögen mit Heald verjubelt

Doch Ludwig reagierte nicht mehr und er antwortete auch nicht mehr, als er erfuhr, dass Lolas seltsame Ehe mit dem englischen Millionär in die Brüche gegangen war: George Trafford Heald hatte mit Lola in kürzester Zeit sein Vermögen in Paris verjubelt und Lola nach seiner Flucht nach England am 15. August 1850 mit einem Schuldenberg zurück gelassen. Nach seinem exzentrischen Leben mit Lola Montez starb er 1856 in Folkstone an Tuberkulose. In ihrer Not blieb Lola nichts anderes übrig als ihre Memoiren zu schreiben, bei denen ihr Charles Brifaut, ihr nächster Lover, als Ghostwriter zur Seite gestanden war. Sie erschienen am 8. Januar 1851 in der Zeitschrift »Le pays« in mehreren Fortsetzungen und in Berlin als deutsche Ausgabe. König Ludwig I. dürfte Lolas Memoiren beruhigt zur Kenntnis genommen haben, denn von seinen Liebesbriefen an Lola war keine Spur zu finden.

Memoiren

der

Lola Montez

(Gräfin v. Landsfeld).

Vierter Band.

Berlin, 1851.

Druck und Verlag von Carl Schultze's Buchdruckerei.
Breite Straße 30.

Titelseite der Berliner Ausgabe der Memoiren von Lola Montez

Franz Graf von Pocci hatte nicht nur die Geschichten um den Kasperl Larifari erfunden, er war Zeremonienmeister, Hofmusikintendant und seit 1864 königlich bayerischer Oberstkämmerer.

Kasperlgraf Franz von Pocci rettete Ludwigs Liebesbriefe

Im Mai 1851 begann Ludwig in seiner Villa Malta in Rom in Begleitung von Franz von Pocci (1807–1876) seinen Sommerurlaub. Pocci war ein vielseitiger Künstler, betätigte sich als Zeichner, Karikaturist, Musiker und Komponist und ging als Erfinder des Theater-Kasperls auch als »Kasperlgraf« in die Geschichte ein. Ludwig I. ernannte ihn zum Hofmusikintendanten und Zeremonienmeister und nahm ihn als unterhaltsame Persönlichkeit auf viele Reisen mit, so wie jetzt in die Villa Malta. Am 2. Mai meldete sich ein unbekannter Herr in der Villa, der aus Irland stammende Patrick O'Brian, der im Namen und Auftrag von Lola Montez für König Ludwig I. ein Paket abgeben wollte. Nachdem Ludwig die Annahme abgelehnt hatte, überredete ihn Graf Pocci, wenigstens mal ins Paket reinzuschauen. Als sie es öffneten, lagen kommentarlos, ohne Geldforderung, sämtliche Briefe Ludwigs an Lola drin. Ludwig drückte dem Überbringer 5000 Francs in die Hand, und das Kapitel Lola Montez war mit diesem Gedicht für immer beendet:

An Lola.

Die Krone habe ich durch Dich verloren,
ich grolle aber Dir darum doch nicht,
die Du zu meinem Unglück bist geboren,
Du warst ein ganz verblendend, sengend Licht!

Sei glücklich! dieses rufet meine Seele
aus ewig weiter Ferne her Dir nach:
Den Weg des Heiles endlich nun erwähle:
das Laster bringt Verderben nur und Schmach.

Den besten Freund, der jemals Dir geworden,
Du stießest treulos ihn von Dir,
Verschlossen waren Dir des Glückes Pforten,
bloß folgend Deiner lüsternen Begier.

Fürs Leben bleiben immer wir geschieden,
und nie und nimmer sehen wir uns mehr,
Lass mir des Herzens schwer errung'nen Frieden,
Das Leben lastet ohne ihn so sehr.

Lola Montez in Amerika

Broadway-Erfolg mit »Lola Montez in Bavaria«

König Ludwig I. antwortete nicht mehr, er schickte kein Geld mehr, von königlicher Rente keine Spur, Lola war aus dem Münchner Luxus-Palais und Luxus-Leben vertrieben, und das Vermögen ihres Gatten Heald war verjubelt: Auf dem Tiefpunkt ihres Lebens im Sommer 1851 erinnerte sich Lola Montez an die Anfänge ihrer Künstler-Laufbahn und übte wieder Tänze ein. Da aber die große Zeit der spanischen Tänze vorbei war, erfand sie einen neuen Namen und nannte sich vielsagend »Danseuse de Fantasia«. Als Tänzerin der Phantasie absolvierte sie Gastspiele in Marseille, Nimes, Lyon und in Bordeaux, genauso wie in Brüssel, Köln und Aachen. Die Zuschauer kamen weniger wegen ihrer Tanzleistungen als vielmehr um diese skandalträchtige und berüchtigte Lola Montez selbst einmal aus der Nähe zu erleben. Ihr eigentliches Ziel war aber Amerika und auf dem Broadway aufzutreten. Am

Ende 1851 landete Lola Montez in Amerika und startete ihre neue Schauspieler-/Sänger-/Tänzerinnen-Karriere

Lola Montez auf einer Daguerreotypie 1851, die sie kurz vor ihrem Karriere-Neustart in Amerika anfertigen ließ.

Eine amerikanische Zeitung spottet über den Auftritt Lola Montez in ihrer Inszenierung des Broadway-Musicals »Lola Montez in Bavaria«.

5. Dezember 1851 landete sie in New York und als internationaler Star in einer Tanz-Show stand sie erstmals am 29. Dezember auf einer Bühne des Broadway. Das Publikum war begeistert, ihre Vorstellungen ausverkauft, so dass die Show bis Mitte Januar verlängert werden musste. Da alle Welt ihre abenteuerliche Vergangenheit als Mätresse des Königs von Bayern kannte, wartete man natürlich darauf, dass diese unglaubliche Liebesaffäre inmitten der Bayerischen Revolution mit Königssturz und Vertreibung auch auf die Bühne kommt. Am 25. Mai 1852 war's dann soweit: Lola Montez spielte sich selbst in ihrem eigenen Broadway-Musical »Lola Montez in Bavaria« und ging damit ein Jahr lang in ganz Amerika auf Tournee. Obwohl vom Ex-Millionär Heald offiziell nicht geschieden, heiratete sie dennoch am 2. Juli 1853 den Journalisten Patrick P. Hull und bekam dadurch die amerikanische Staatsbürgerschaft. Sie zogen in die Goldgräberstadt Grass Valley, aber nach ein paar Monaten war auch diese Ehe zu Ende. Nachdem sie den Musiker Charles Eigenschenk kennengelernt hatte, gründete sie

Lola Montez um 1855, als sie mit ihrem Musical »Lola Montez in Bavaria« auch in Australien auftrat.

mit ihm eine Theatertruppe, mit der sie im Juni 1855 nach Australien reiste. Am 23. August 1855 trat sie in Sydney noch einmal in ihrem Musical »Lola Montez in Bavaria« auf, und dann zum letzten Mal im Oktober 1856 in Kalifornien.

Lola, eine der »wichtigsten Vortragskünstler der Zeit«

1857 hatte Lola wieder eine neue Geschäftsidee: Sie besuchte Chauncey Burals Rhetorik-Kurse und ließ sich als Vortrags-Rednerin ausbilden. Am 29. Juni 1857 hielt sie in Hamilton, Ontario ihren ersten Vortrag über »Schöne Frauen«. New York und Montreal folgten mit Vorträgen über »Das Geistesleben der Frauen von Paris« und »Heldinnen der Geschichte und willensstarke Frauen«. Und wieder trat ein Heiratswütiger in ihr Leben: In New York traf sie auf einen 43-jährigen österreichischen Adeligen, einen reichen Farmer, der ihr wie viele andere sofort verfallen war. Prinz Ludwig Johann Sulkowski wollte sie sofort ehelichen, aber nicht in New York sondern in Paris. Dort angekommen musste sie aber

Lola Montez starb am 17. Januar 1861, kurz vor ihrem 40. Gebutstag, und wurde auf dem Greenwood-Friedhof in Brooklyn beigesetzt. Lola-Montez-Biograph Bruce Seymour ließ 1998 einen neuen Grabstein errichten.

feststellen, dass ihr reicher Prinz noch verheiratet war und in New York eine Frau mit fünf Kindern auf ihn wartete ... aus der Traum und Lola und ihr Prinz reisten getrennt wieder zurück nach New York.

Tod mit 39 Jahren in New York

In den folgenden Jahren reiste Lola Montez bis 1860 als erfolgreiche Vortragskünstlerin durch die Vereinigten Staaten und der »New York Herald« zählte Lola Montez neben Edward Everett und Horace Greeley sogar zu den »wichtigsten Vortragskünstlern der Zeit«. Am 30. Juni 1860 erlitt sie in New York einen Schlaganfall und fiel ins Koma. Als sie wieder erwachte, war sie linksseitig gelähmt und hatte die Stimme verloren. Im Dezember, als sie gerade wieder ein paar Schritte gehen konnte, folgte eine schwere Lungenentzündung, von der sie sich nicht mehr erholte: Am 17. Januar 1861 starb sie im 39. Lebensjahr. Ihr Grab befindet sich auf dem Greenwood-Cemetry in Brooklyn.

Lolas Schönheitstipps

Das Geheimnis von Lolas Busen

Lola Montez wusste was Männer wollen und viele Frauen haben sich gefragt: was hat die Lola nur was wir nicht haben. Als Lola mit 35 Jahren ihr königlich-bayerisches Flegelalter hinter sich gelassen hatte, entdeckte sie in New York eine Marktlücke und wollte ihr Wissen, ihre Tipps und Tricks, wie man sich für Männer interessant macht, nicht mit ins Grab nehmen, sondern an andere Frauen weitergeben. Und so brachte sie 1858 bei Dick & Fitzgerald New York einen 152 Seiten dicken Schönheits-Ratgeber für angehende Lolitas und für schon in die Jahre gekommene Damen heraus: »The Arts of Beauty or Secrets of a Lady's Toilet with hints to gentlemen on the art of Fascinating by Madame Lola Montez Countess of Landsfeld« (Die Kunst gut auszusehen und die Geheimnisse wie Damen Toilette machen mit Tipps für Herren zur Verführungskunst von Madame Lola Montez, Gräfin von Landsfeld). Ein großes Kapitel widmete Lola dabei ihrem vielbewunderten Busen, bei dessen verhülltem Anblick während der ersten Audienz König Ludwig glaubte der Vesuv breche in ihm aus. Lola zeigte dem König auch die ganze Schönheit durch Aufschneiden ihres Mieders, »alles echt, Majestät«. Schon 1844 beschrieb ein Journalist in St. Petersburg Lolas Schönheit in überschwänglichen Worten, doch bei Lolas Busen versagten ihm die Worte und er musste einen italienischen Dichter zu Hilfe nehmen, um diese Naturschönheit zu beschreiben.

»Im Busen, einem Milchmeer, zitternd zwei der Äpfel schwammen«

»Wie soll ich nun weiter Lolas Busen schildern? Um nicht hinter der Wahrheit zu bleiben, die auszudrücken meine Feder zu schwach ist, muss ich mich einer anderen bedienen. Ich beziehe mich nämlich auf die schönen Verse des Giambattista Marino, welcher im achten Gesange des Adone von der Liebesgöttin sagt: »Auf den schönen Wangen glühten Rosen- und Rubinen Flammen und im Busen, einem Milchmeer, zitternd zwei der Äpfel schwammen«.

Lola Montez als verführerische Schönheit in spanischer Aufmachung

Hier also Tipps und Tricks aus Lolas eigener Erfahrung, wie man die zwei Äpfel richtig pflegt und in Erscheinung bringt: »Ich bin mir bewusst, dass dieses Thema mit großer Zartheit behandelt werden muss. Aber wenn es wahr ist, wie schon ein Dichter schrieb, dass »der Himmel auf jenen zwei schwellenden Schneehügeln ruht«, warum soll dann eine Frau nicht Bescheid wissen, wie man so einen außerordentlich charmanten Besitz richtig behandelt? Das erste, was eine Dame wissen sollte ist, dass tief ausgeschnittene Kleider von sehr schlechtem Geschmack zeugen, um es vorsichtig zu sagen, und bei einem Herrn sicher den falschen Eindruck erwecken. Der

So sahen Karikaturisten Lolas Busen, dem nicht nur König Ludwig I. verfallen war, sondern auch Journalisten, die ihn mit einem »Milchmeer« verglichen, in dem »zitternd zwei der Äpfel schwammen«.

Busen ist ein Zauber, den eine Frau nicht dem Auge eines Mannes, sondern seiner Phantasie überlassen soll. Sie weiß, dass Bescheidenheit der göttliche Zauber ist, der das Herz eines Mannes für immer bindet. Aber meine Beobachtung hat mich gelehrt, dass nur wenige Frauen über die richtige Behandlung dieses Körperteils gut informiert sind. Der Busen, den die Natur mit einer exquisiten Symmetrie und einer bewundernswerten Anpassung an die Figur verliehen hat, zu der sie vereinigt ist, geformt hat, wird oft in eine Form gezwängt und an einen Ort verpflanzt, der ihn seiner ursprünglichen Schönheit und Harmonie beraubt. Diese verformende Veränderung wird durch Stäbe oder Korsetts herbeigeführt, die den Busen aus seiner natürlichen Stellung verformen und die natürliche Spannung und Festigkeit zerstören, aus der seine Schönheit besteht. Eine junge Dame sollte sich merken, dass es nicht einmal ihrer eigenen Hand erlaubt ist, ihn fest zu drücken. Aber vor allem soll sie in ihrer Jugend den dauernden Druck von solchen harten Materialien wie Fischbein oder Stahl vermeiden. Sie zerstören nicht nur die Schönheit, sondern können auch schreckliche Folgen wie Abszesse oder Krebs auslösen. Sogar die Polsterung, die Damen benutzen, um eine füllige Erscheinung zu haben, wo nur ein mangelhafter Busen vorhanden ist, wird diesen sicher in kurzer Zeit völlig ruinieren. Sobald es sich herausstellt, dass dem Busen die abgerundete Fülle durch die übrige Form fehlt, sollte nicht versucht werden, den Mangel mit künstlicher Polsterung zu reparieren, sondern den Busen so locker wie möglich umhüllen, um den geringsten künstlichen Druck zu vermeiden. Sonst wird nicht nur sein Wachstum gestoppt, sondern auch sein Aussehen durch diese Tricks verdorben. Die Form dieses schönen Körperteils soll wie die einer jungen Zeder aussehen, oder wie eine Lilie in der Natur. Und aus diesem Grund sollte sich das Mieder flexibel den Bewegungen des Körpers und seinen Wellenformen anpassen. Die künstlichen Busen aus Gummi sind nicht nur lächerlich, sondern auch absolut ruinös für die Schönheit dieses Körperteils.«

Busen vergrößern

»Das folgende Präparat, zwei oder dreimal täglich für fünf bis zehn Minuten sanft in den Busen einmassiert, wurde mit Erfolg angewendet, um sein Wachstum zu fördern:

Myrrhen-Tinktur	1/2 Unze
Bibernell-Wasser	4 Unzen
Holunderblütenwasser	4 oz
Moschus	1 Gran (= 64,79891 mg)
Weingeist	6 Unzen«

»Tief ausgeschnittene Kleider« zeugten für Lola zwar »von sehr schlechtem Geschmack«, brachten ihr aber donnernden Applaus in ihrem Broadway-Musical »Lola Montez in Bavaria«.

Busen verkleinern

»Ich kenne Frauen, die Jod-Präparate intern anwenden, um umgekehrt eine zu große Entwicklung des Busens zu verhindern. Aber das ist ein für die Gesundheit viel zu gefährliches Experiment. Die folgende äußerliche Anwendung ist aber für diesen Zweck bestens zu empfehlen:

Minze-Essenz	1 Unze (= 31,1 Gramm)
Zinkjodid	2 Gran
aromatischer Essig	2 Gran
Zitronensaft	10 Tropfen«

Gegen schlaffen Busen

»Wenn aus Krankheit oder aus irgendeinem anderen Grund der Busen seine Schönheit eingebüßt hat, indem er zu weich wird, hat folgende Einreibung möglichst sanft morgens wie abends eine sehr vorteilhafte Wirkung:

Alaunwasser	1/2 Unze
starkes Kamillenwasser	1 Unze
weißer Brandy	2 Unzen«

Lolas natürliche Schönheit kam von innen

In einem ganzen Kapitel beschreibt Lola Rezepte für »ein schönes Gesicht«, denn »ein ständig missgelauntes unzufriedenes Wesen hinterlässt unverkennbare Spuren im Gesicht. Wie schön auch immer es geschnitten sein mag, wie wach sein Ausdruck ist, es kann niemals natürlich schön sein. Wenn die Seele einer Frau nicht vornehm, ohne Geschmack, ohne Zartheit, ohne den Schmelz eines glücklichen Gemütes ist, werden alle Geheimnisse der Verschönerung ohne Wirkung bleiben«. Für Lola lag das Geheimnis eines schönen Gesichtes im liebenswerten Herzen der Frau, ihrer Kraft der Seele, »die Lebendigkeit und Grazie verleiht und wirkliche Quelle weiblicher Schönheit ist«. Ihr Fazit: Natürliche Schönheit kommt von innen und zitiert zur Bekräftigung einen »alten griechischen Poeten«: »Warum die jugendliche Wange färben? Den schneeweißen Nacken mit Juwelen behängen? Warum das Haar salben? Oh, Dame, verachte diese Künste; aber reichlich schmücke mit Tugend Deine Seele: So bereite Dich auf die Liebe vor. Siehe, mit welch rosigem Duft der Apfel blüht! Sag', braucht die Rose des Malers Hand? Weg damit, Schönheitsmittel und Parfums! Denn der Zauber der Natürlichkeit erfüllt die meisten Wünsche!«

Zitronensaft und Brandy machen schöne Hände

Nach Lolas Männererfahrung waren schöne Frauenhände ein wichtiges Werkzeug unter Liebenden: »In der Tat, die Hand hat ihre eigene Sprache, die oft dann besonders beredt ist, wenn Zunge und alles andere stumm bleiben müssen. Wenn schüchterne Liebhaber sich nicht trauen den Mund aufzumachen, dann werden ihre Hände die Leidenschaft ausdrücken, die in ihnen glüht. Oder wie viel sagt beim Abschied der zarte Druck der Hände!« Als angebliche Spanierin wusste sie auch, dass »Spanische Damen mehr Sorgfalt auf ihre Hände verwenden als auf ihr Gesicht und kennen dabei zahlreiche Tricks. Einige dieser Kunstgriffe sind nicht nur schmerzhaft, sondern auch ziemlich lächerlich. Zum Beispiel kannte ich

Lola Montez entdeckte eine neue Geldquelle und verfasste einen Schönheits-Ratgeber für angehende Lolitas und für schon in die Jahre gekommene Damen.

Kam Lolas makelloser Teint durch Gesichtsmasken aus Rinder-Carpaccio? »Man sagt, dass dünne Scheiben rohen Rindfleisches die dünne Haut vor Falten schütze. Ich zweifle nicht an der Wirksamkeit des Mittels.«

einige von ihnen, die schliefen jede Nacht mit an den Bettpfosten angebundenen Händen, damit sie blass und zart blieben. Spanierinnen und Französinnen, die mit ihren Händen angeben wollen, schlafen mit Handschuhen, die sie innen mit Pomade bestreichen, um die Haut samtweich zu erhalten. Die Creme besteht aus milder Seife, Salatöl und Hammeltalg, Weingeist und Moschus. Auch das Pflegen der Fingernägel ist eine Kunst, auf die sich nur wenige Frauen verstehen. Bei acht von zehn modebewussten Damen sind die Nägel weder geschmackvoll geschnitten noch in einem anderen guten Zustand.«

Für trockene Hände

Zitronensaft	3 Unzen (1 Unze = 31,1 Gramm)
Weißweinessig	3 Unzen
Weißer Brandy	1/2 Pinte (1 Pinte = 0,4732 Liter)

Schönheits-Maske aus Rinder-Carpaccio

In einem weiteren Kapitel erklärt Lola das Geheimnis eines schönen Teints, das in erster Linie in einer gesunden Ernährung liegt: »Ein Magen, der häufig mit schwerem Essen oder künstlichen Stimulantia überladen wird, er wird in kurzer Zeit den Teint ruinieren. Häufiges Waschen mit kaltem Wasser und wiederholtes Abreiben mit einem trockenen Tuch ist eines der besten Schönheitsmittel. Ich kenne sehr viele modische Damen in Paris, die jeden Abend vor dem Schlafen ihr Gesicht in dünne Scheiben rohen Rindfleisches einwickeln: man sagt, dass das die Haut vor Falten schütze und ihre jugendliche Frische dadurch erhalten bleibt. Ich zweifle nicht an der Wirksamkeit des Mittels«.

Nicht zu empfehlen: Arsen, Quecksilber und Kreide

Weil für die Schönheit aber manchmal jedes Mittel recht ist, warnte Lola aber auch vor wirklich gefährlichen Kosmetika, die scheinbar aus Unwissenheit über ihre Giftigkeit angewendet werden: »In Böhmen sah ich Damen zu arsenhaltigen Quellen strömen und das Wasser trinken, das ihrer Haut eine feine Transparenz verschaffte. Aber dieser Torheit droht eine schreckliche Strafe: Einmal daran gewöhnt, müssen sie für den Rest ihrer Tage dabei bleiben oder das baldige Ende befürchten. Die Schönheiten am Hofe Georgs I. hatten die Gewohnheit, kleine Dosen Quecksilber zu sich zu nehmen, um eine weiße und klare Gesichtshaut zu bekommen. Junge Mädchen von heute essen manchmal, um eines hellen Teints willen, Dinge wie Kreide, Schiefer und gekochte Tee-Blätter. Das ist zweifellos ein ›guter Weg‹ zu einer blassen Gesichtsfarbe, aber er schadet der Gesundheit. Ein junges Mädchen sollte wissen, dass alles was die Gesundheit angreift auch die Schönheit angreift.«

Rosige Wangen durch Kirchen-Weihrauch

Lolas Spezialrezept für einen strahlenden Teint bestand hauptsächlich aus »Benzoeharz«, besser bekannt als Kirchen-Weihrauch: »Das wirkungsvollste Gesichtsbad, das ich jemals kennengelernt habe, besteht aus einer simplen Tinktur aus Benzoeharz in Wasser abgeschlagen. Nehmen sie ein kleines Stück Benzoeharz und kochen sie es in Weingeist, bis es eine dickflüssige Tinktur ergibt.

Lolas Erfolgsgeheimnis war »natürliche Schönheit«: »Wenn es ein Werk des Teufels gewesen ist, das Frauen dazu verführt hat, ihre eigene Schönheit zu ruinieren, dann hat es darin bestanden, sie zum Gebrauch von Schminke und Puder zu verleiten.«

Fünfzehn Tropfen davon in ein Glas Wasser ergeben eine Mischung, die wie Milch aussieht und einen höchst angenehmen Duft entwickelt. Diese köstliche Waschung scheint die Wirkung zu haben, dass sie den Blutstrom überall hin ins Gesicht lenkt und die Wangen rosig färbt. Auf dem Gesicht zum Eintrocknen belassen, wird es die Haut rein und leuchtend machen. Es ist außerdem ein ausgezeichnetes Mittel gegen Flecke, Sommersprossen und Ausschlag, sofern diese nicht ein chronisches Übel sind.«

»Schminke und Puder sind ein Werk des Teufels«

Das Geheimnis von Lolas Kosmetik-Tipps liegt im »So wenig wie möglich – und nur so viel als nötig«. Vor allem lehnte sie Schminke und gepuderte Haut ab und duldete höchstens eine minimale Tönung durch Rouge: »Wenn es ein Werk des Teufels gewesen ist, das Frauen dazu verführt hat, ihre eigene Schönheit zu ruinieren, dann hat es darin bestanden, sie zum Gebrauch von Schminke und Puder zu verleiten. Nichts kann ein deutlicheres ›memento mori‹ auf schöne Wangen schreiben als diese lächerliche sündhafte Übung. Die Damen sollten wissen, dass dies ein sicheres Zerstören der Haut ist, und der gute Geschmack sollte lehren, dass damit das menschliche Antlitz entstellt und verzerrt wird. Der größte Zauber der Schönheit liegt im Ausdruck eines lieblichen Gesichts, in einem Auflohen von Freude, Liebe und guter Laune. Aber was für ein Ausdruck kann schon liegen in einem mit weißer Schminke und mit Puder gelackten Gesicht? Kein Erröten des Vergnügens, kein Abglanz der Liebe kann die verkrustete Schablone durchbrechen. Ihr Gesicht ist so ausdruckslos wie das einer angemalten Mumie. Und keine Frau soll glauben, dass Männer nicht sogleich diese giftige Maske auf der Haut ausmachten! Oft habe ich Herren gesehen, die es vermieden, eine glänzende Dame zu begrüßen, so, als wäre es ein Totenkopf gewesen, den sie hätten küssen sollen. Alle weiße Schminke schadet nicht nur der Haut, sondern auch der Gesundheit schlechthin. Ich habe Lähmungserscheinungen und frühen Tod als Folgen dieser Mittel kennengelernt. Allerdings muss bemerkt werden, dass das, was wegen weißer Schminke gesagt worden ist, nicht im gleichen Maße für den Gebrauch von Rouge gilt. Bei einer Tönung mit Rouge verbleiben Nacken und Arme und mehr als dreiviertel des Gesichts in ihrer natürlichen Hautfarbe, und die Sprache des Herzens kann sich ungehindert in ihr ausdrücken. Aber sogar dieses erlaubte Hilfsmittel muss mit äußerst delikatem Geschmack und mit Diskretion angewendet werden. Eine Frau mit stark gefärbten Wangen ist ein abstoßender Anblick. Ein zu kräftig aufgetragenes Rot macht jedes Gesicht grob und gewöhnlich und verwandelt eine elegante Frau in eine alte Vettel. Übermäßiger Gebrauch von Puder ist ein vulgärer Trick. Nur der allerfeinste Puder sollte verwendet werden. Manche Damen tragen ihn so eilig auf, dass sie

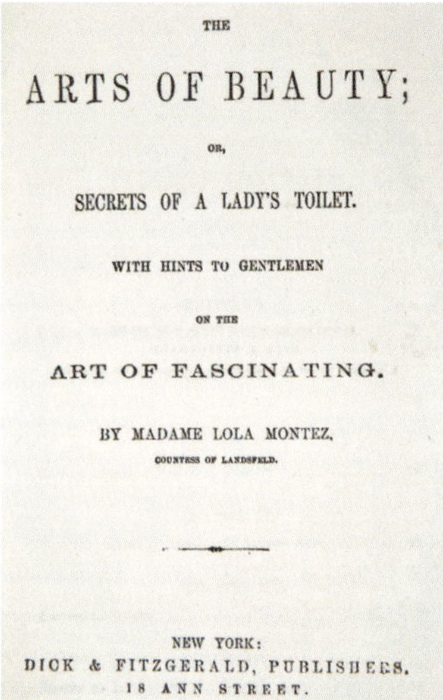

THE

ARTS OF BEAUTY;

OR,

SECRETS OF A LADY'S TOILET.

WITH HINTS TO GENTLEMEN

ON THE

ART OF FASCINATING.

BY MADAME LOLA MONTEZ,

COUNTESS OF LANDSFELD.

NEW YORK:
DICK & FITZGERALD, PUBLISHERS.
18 ANN STREET.

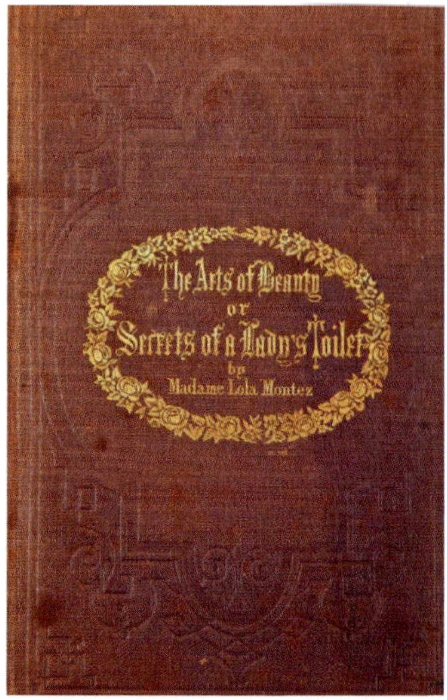

Der Schönheits-Ratgeber »The Arts of Beauty or Secrets of a Lady's Toilet – by Lola Montez« erschien in New York im Jahr 1858

nicht einmal einen Blick in den Spiegel werfen. Und so gehen sie dann in Gesellschaft, mit Gesichtern, die aussehen, als seien sie gerade einem Mehlsack entstiegen.«

»Bescheidenheit ist für eine Frau die größte Schönheit«

Diesen Satz in ihrem Kapitel über gutes Benehmen und schöne Manieren muss man schon zweimal lessen, um ihn aus Lolas Mund zu glauben. Auch wenn sie ihre eigenen Tipps über gute Manieren selbst nicht so genau befolgt hat, sie hatte schon gewusst, wie man sich als »anständige Dame« benimmt: »Für jede Dame ist es wesentlich zu begreifen, dass die schönst- und bestgekleidete Frau nicht charmant sein kann, wenn sie ihre anderen Vorzüge nicht durch graziöse Manieren herausstellt. Ein hübsches Gesicht kann man überall sehen, schöne und prächtige Roben kann jede tragen, aber wie selten begegnen wir einem wirklich schönen und bezaubernden Benehmen! Die einzige Sicherheit für eine Dame besteht in jenem unfehlbaren Gefühl für das maßvolle und delikate, hinter welchem sich der Reiz der Bescheidenheit verbirgt. Tatsächlich

»Bescheidenheit ist für eine Frau die größte Schönheit«, gab sie als Hinweis in ihrem »Schönheits-Ratgeber« weiter, obwohl gerade sie selbst eher anderen Prämissen folgte. Lola Montez auf einer ihrer letzten Aufnahmen, Daguerreotypie um 1858

macht ein bescheidenes Auftreten eine Frau immer reizvoll. Bescheidenheit ist für eine Frau ihre Zierde und größte Schönheit. Was für einen wunderwirkenden Charme hat ein Erröten – welche Anmut und Würde liegen in natürlicher Schlichtheit, ohne die das Glanzvolle verächtlich und selbst die Eleganz ohne Grazie sind! Männer mögen sich mit einem lärmenden, laut lachenden, geschwätzigen Mädchen amüsieren – aber es ist das ruhige, zurückhaltende, bescheidene und fast schüchterne Benehmen, das die größte Chance hat, ihre Herzen davonzutragen.«

Max Ophüls berühmte Verfilmung von 1955
in einer französischen Ankündigung

Unsterbliche Lola: 337.000 Seiten bei Google

Der Mythos »Lola Montez« lebt bis heute

Der Mythos »Lola Montez« lebt bis heute. »Lola« und »Lolita« wurden zum Inbegriff jugendlich-weiblicher Erotik, Verführung und sexueller Freiheit. Aber was wäre Lola ohne König Ludwig I., und so gehört zum Mythos Lola auch der von jeder Luxusfrau benötigte Zaubertrank: Der Cocktail aus Geld und Macht ihrer Männer. Was dem König Ludwig I. seine Lola Montez war, sind heute die Bunga-Bunga-Girls für die Berlusconis unserer Zeit. Auch ohne das heutige Wissen um Lola und Ludwig durch den Briefwechsel der beiden und den Aufzeichnungen Leo von Klenzes war die Lola-Montez-Story schon sehr früh Stoff für Schriftsteller, Komponisten und Filmemacher. Begonnen mit der Lola-Vermark-

Filmplakat aus neuerer Zeit zu der berühmten Verfilmung von Max Ophüls, die aufgrund anfänglichem Misserfolg einige Kürzungen und Bearbeitungen erfuhr.

tung hat Lola Montez selbst 1852 mit dem von ihr verfassten Musical »Lola Montez in Bavaria« in New York, in dem sie natürlich auch die Hauptrolle spielte, aber dessen Text und Musik leider verschollen sind. Die Bilder hatten gerade erst Laufen gelernt, da flimmerte 1918 schon der erste Lola-Film über die Leinwände: »Lola Montez« unter der Regie von Robert Heymann und Leopoldine Konstantin als Lola. 1922 folgte »Lola Montez, die Tänzerin des Königs« mit Ellen Richter als Lola. 1958 erinnerte man sich in Melbourne an Lolas Australien-Zeit von 1855 mit dem Musical »Lola Montez« von Peter Stannard. Eduard Künnecke zauberte Lola Montez 1937 als Operette auf die Bühne und 1939 inszenierte

Die Lola-Montez-Bar am Münchner Platzl, Aufnahme aus den 60er Jahren

Lèonid Massine Lola Montez als Ballett mit Kostümen von Salvador Dali. Die berühmteste Verfilmung gelang 1955 Max Ophüls. Mit Martine Carol, Peter Ustinov, Iwan Desny, Will Quadflieg, Oskar Werner und Adolf Wohlbrück bis in die Nebenrollen exzellent besetzt, drehte Ophüls seinen letzten Film, den teuersten deutschen Film der Nachkriegszeit. Der in Deutsch, Englisch und Französisch gedrehte Film war am Anfang zwar ein Misserfolg, heute dagegen gilt Lola Montez von Ophüls als cineastisches Meisterwerk. Ein literarisches wie musikalisches Denkmal für Lola Montez setzten Frank Wedekind und Alban Berg in der Oper »Lulu«, die 1937 in Zürich uraufgeführt und 1979 von Pierre Boulez in Paris ihren Durchbruch beim Publikum fand.

»Die fesche Lola« machte Marlene Dietrich zum Weltstar

Für die noch unbekannte Marlene Dietrich war 1930 die Rolle der Lola in Josef von Sternbergs »Der blaue Engel« (Drehbuch Carl Zuckmayer, Karl Gustav Vollmoeller und Robert Liebmann) der Durchbruch. Die Schlager des Films wurden allesamt populär und Friedrich Holländers »Ich bin die fesche Lola« wurde trotz oder vielleicht gerade wegen seiner Doppeldeutigkeit, zu einem der beliebtesten Schlager in der Weimarer Republik: »Ich bin die fesche

Lola, der Liebling der Saison. Ich hab' ein Pianola zu Haus' in mein' Salon. Ich bin die fesche Lola, mich liebt ein jeder Mann. Doch an mein Pianola, da laß ich keinen ran.«

Lola im Cuvilliés-Theater, als Heavy-Metal am Nürburgring und als Heilwasser in Bad Brückenau

2013 ging die neueste Lola-Inszenierug über die Bühne des Cuvilliés-Theaters: Peter Kreuder hatte 1972 das Musical »Lola Montez« mit Texten von Maurus Pacher komponiert, die Uraufführung war erst 2003 im Deutschen Theater. Last, but not least: Lola Montez ist inzwischen auch in der Heavy-Metal-Szene angekommen: »Lola Montez« heißt ein erfolgreiches Lied der dänischen Metal-Band Volbeat, erstmals in »Rock am Ring« 2013 am Nürburgring aufgeführt.

Lola Montez war im Juni 1847 mit Ludwig einige Tage in Bad Brückenau. wo das heutige Staatsbad Bad Brückenau als einzi-

Peter Kreuder (links) und Maurus Pacher (rechts) 1972 bei der Vorstellung ihres Musicals »Lola Montez«, das sie während der Olympischen Spiele aufführen wollten, das aber den Olympia-Organisatoren zu »unmünchnerisch« war. Dafür ging es seit 2013 viele Jahre über die Bühne des Residenztheaters.

Fan-T-Shirt der dänischen Metal-Band »Volbeat« zu ihrem Erfolgtitel »Lola Montez«

ge Institution Bayerns Lola Montez in hohen Ehren hält und ihr mit dem Heilwasser »Lola-Montez-Quelle« und einem großen Veranstaltungsgebäude, dem »Lola-Montez-Saal« ein Denkmal gesetzt hat. Das Heilwasser der Lola-Montez-Quelle kommt aus 260 Meter Tiefe und hilft bei Störungen des Harnsäure-Stoffwechsels wie z.B. bei Gicht, außerdem bei Diabetes, Magen-, Darm-, Leber- und Gallenerkrankungen.

Während Lola Montez tatsächlich ein paar Tage in Bad Brückenau verbracht hatte, war sie nie in ihrem Leben im »Lola-Montez-Haus« bei der Menterschwaige zwischen Großhesselohe und München, das von einem Event-Unternehmen als »das geheime Liebesnest« von Ludwig und Lola bezeichnet wird. Nach einem Gutachten des Landesamtes für Denkmalschutz wurde das Haus erst nach 1850 gebaut und hatte insofern zu Lolas Zeit in München noch gar nicht gestanden. »Geheime Liebestreffen« hätten dem Selbstverständnis und öffentlichen Ausleben ihrer Beziehung vollständig widersprochen und Lola hätte einen Teufel getan, sich mit dem König in einer Holzhütte im Isartal zu treffen.

Internet-Ankündigung des Münchner Residenztheaters für die Spielzeit 2016/17 zu einer Inszenierung auf der Basis der Musical-Fassung von Peter Kreuder und Maurus Pacher.

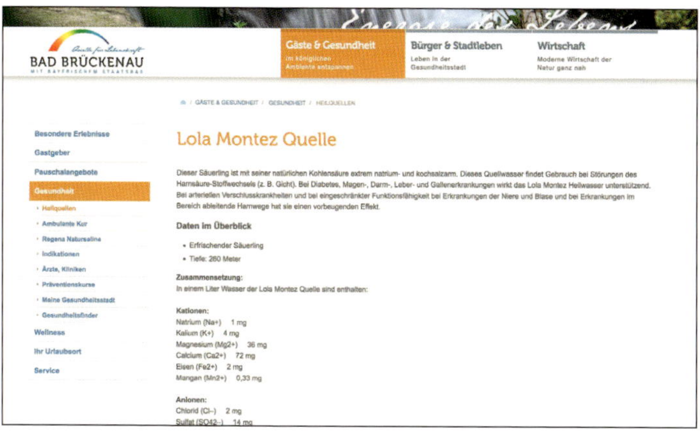

Internet-Werbeauftritt der Bad Brückenauer »Lola-Montez-Quelle«

Lola als Erotik-Star im Internet

Heute ist Lola Montez auf 337.000 Seiten im Internet vertreten und auf 221.000 Seiten findet man den Namen »Lola«, wie

Lola Taylor
Lola Sweet
Lola Anders
Lola Banks
Lola Reve
Lola Morgan
Lola Muyluy
Lola Milano
Lola Martin
Lola Morgan
Lola Reve
Lola Lyx
Lola Lee
Lola Lane
Lola Givings
Lola Foxx
Lola Fox
Lola Ferri
Lola Darling
Lola Banks
Lola Wan
Lolita
Lola Angel
Lola Petrova
Lola Pagnani
Lola Rivera
Lola Bulgari
Lolita Tay

undsoweiter undsoweiter: Lola ist der häufigste Künstlername für Erotik-Stars im Internet.

Anhang